이 책을 예수 그리스도께 바칩니다.

수술 중 숨을 거둔 뒤 예수님을 만났을 때, 그분은 제가 이 땅으로 돌아와

사람들의 소명을 일깨우는 일을 할 것이라고 말씀하셨습니다.

인생들을 향한 지극한 사랑과 관심으로

주님은 죽었던 저를 살리셨습니다.

그리고 이 땅으로 다시 보내셔서

사랑하는 자들의 부르심과 목적을 확고히 하셨습니다.

주님, 저의 간절한 소망은 주님이 다시 오실 때,

사람들이 저를 통해 드러난 예수 그리스도의 계시를 기억하는 것입니다.

제가 하늘의 부르심과 사명,

하나님의 자녀들을 향한 뜻을 이루는 일에

순종했다는 것을 사람들이 알기 원합니다.

- 케빈 제다이 -

케빈 제다이 지음 | 김정훈 옮김

천국으로부터
받아 누리기

| 감사의 글

주님은 《천국 방문》Heavenly Visitation, 《초자연적 재정》Supernatural Finances, 《모든 것이 당신에게 유리하게 되어 있다》It's rigged in your favor, 《천사들의 행동 강령》The Agenda of Angels 등을 통해 저의 이야기를 나누도록 허락하셨을 뿐만 아니라 이 책도 쓰라고 하셨습니다. 이 책은 주님이 몇 차례 저를 찾아 오셔서 보여 주신 계시의 일부를 다루고 있습니다.

이 책을 쓰는 동안 저를 격려해 주고 기도해 준 영적 부모이신 제시 듀플란티스 박사님과 캐티 듀플란티스 박사님께 감사드립니다.

언제나 변함없는 사랑과 헌신으로 함께하는 멋진 아내 캐티에게 특별히 감사합니다.

이 책을 멋있게 편집해 준 데스티니 이미지Destiny Image의 스태프들에게 감사드립니다.

주님을 향한 깊은 사랑을 보여 준 시드 로스와 그의 스태프들에게 감사의 인사를 전합니다.

마지막으로 천국으로부터 받아 누리는 모든 이들과 주의 뜻을 따라 이 진리 가운데 살아가는 모든 친구들에게 특별히 감사드립니다.

RECEIVING FROM HEAVEN

하늘 아버지로부터 약속된 복을 받아 누리는 능력을 키우라

| 목차

4 감사의 글

8 들어가는 말

Chapter 1 받을 준비를 하라 — 10

Chapter 2 천국의 보상시스템 — 22

Chapter 3 권세로 행하기 — 60

Chapter 4 하나님으로부터 받기 — 92

Chapter 5 영적 돌파를 경험하라 — 132

Chapter 6 우리는 하나님 나라의 대사 — 180

Chapter 7 천국이 우리 집 — 206

Chapter 8 하나님과 동역하기 — 218

Chapter 9 신뢰 관계 — 240

254 구원을 위한 영접 기도

| 들어가는 말

예수님은 하늘 아버지께서 우리의 생명과 경건에 필요한 모든 것을 예수 그리스도를 통해 보내 주셨다는 사실을 이 특별한 책에서 강조하기를 바라셨다. 주님은 우리가 잘 베풀고 있지만, 제대로 받아 누리지 못한다는 사실을 알려 주셨다. 그뿐만 아니라 하나님의 자녀들 대부분이 하늘 아버지로부터 받는 위치에 서는 것을 어려워하고 있다고 설명해 주셨다.

내가 이 책에서 나누는 비밀은 이 마지막 때의 초자연적 삶에 매우 중요한 것들이다. 하나님의 영의 마지막 역사가 시작되었다. 그러므로 우리는 하나님이 그분의 자녀들에게 마음껏 베푸시는 선하고 은혜로우신 하늘 아버지라는 사실을 받아들여야 한다. 주님이 우리에게 필요한 모든 것을 이미 공급하셨으니 천국으로부터 온전히 받아 누리라!

Chapter 1

받을 준비를 하라

그의 신기한 능력으로 생명과 경건에 속한 모든 것을 우리에게 주셨으니 이는 자기의 영광과 덕으로써 우리를 부르신 이를 앎으로 말미암음이라 이로써 그 보배롭고 지극히 큰 약속을 우리에게 주사 이 약속으로 말미암아 너희가 정욕 때문에 세상에서 썩어질 것을 피하여 신성한 성품에 참여하는 자가 되게 하려 하셨느니라 (벧후 1:3-4)

Chapter 1
Receiving from Heaven

> 나사렛 예수시란 말을 듣고 소리 질러 이르되 다윗의 자손 예수여 나를 불쌍히 여기소서 하거늘 (막 10:47)

주님께서 내게 말씀하셨다. "케빈, 문제는 배송 과정이 아니다. 나에게 물류센터가 있는데, 거기엔 필요한 모든 것이 다 있다. 만약 너에게 필요한 것이 없다면, 너를 위해 내가 친히 만들어 낼 수도 있다. 나는 전능한 하나님이다. 나에겐 수많은 천사가 있고, 공급할 것도 많다. 난 보낼 준비가 다 되어 있고, 배송할 준비도 되어 있다. 나에게는 문제가 없단다. 문제는 수취인이다."

만약 어떤 것을 받기로 했는데 받지 못한다면, 문제는 그것이 문 앞에 배송되어 있느냐가 아니다. 문을 열고 들여오지 않는 이상, 그것이 저절로 집 안에 있을 수는 없다.

예수님은 자신의 고향에서는 기적을 일으키실 수 없었다. 고향 사람들이 그분을 받아들이지 않았기 때문이다. 그들이 제대로 받지 못한 이유는, 예수님을 인간적인 기준으로 판단하고 그분을 존중하지 않았기 때문이다. 그들에게 예수님은 평범한 목수의 아들이었다. 그래서 그분을 그저 목수의 아들로만 받아들인 것이다.

예수님을 향해 "다윗의 자손 예수여, 나를 불쌍히 여기소서"라고 외쳤던 사람들은 병을 치유받았다. 예수님이 메시아이심을 알아보고, 그에 맞게 그분을 대하였기 때문이다. 하나님은 예수님을 나사렛 사람들의 문 앞까지 데려가셨으나 그들이 그분을 받아들이지 않았다. 하나님은 우리에게 필요한 모든 것을 우리 문 앞으로 가져다주실 수 있는 능력 있는 분이시다. 그러나 그것을 받으려면, 우리가 준비되어야 한다.

하나님의 선하심

복음은 좋은 소식이다. 누군가 자신은 지옥에 가지 않을 것이라고 장담한다면, 그 사람에게 이렇게 물어볼 필요가 있다. "만약에 당신이 틀렸다면요?" 그를 천국으로부터 받아 누리는 사람으로 변화시키려면, 단계마다 다른 방식으로 접근해야 한다. 여기서 핵심은 복음을 전하고 하나님의 선하심을 깨우쳐 줌으로 그들이 회개하게 되는 것이다.

> 혹 네가 하나님의 인자하심이 너를 인도하여 회개하게 하심을 알지 못하여 그의 인자하심과 용납하심과 길이 참으심이 풍성함을 멸시하느냐 (롬 2:4)

바울은 하나님의 선하심이 사람들을 회개로 이끈다고 하였다. 나는 지옥에 대해 설교하여 사람들에게 겁을 줘서 '천국 보험'에 가입하게 만들 수도 있다. 그러면 사람들은 분명 회개할 것이다. 우리가 그리스도의 몸임에도 불구하고 구원을 화재 보험 정도로 받아들이면, 그만큼 성숙하지 못한 수준으로 취급당할 것이다. 내 말을 오해하지 말라. 우리는 분명 회심한다. 그러나 문제는 사람들이 우리의 회심을 알아차리지 못한다는 것이다.

성숙한 그리스도인이라면, 자신이 지옥의 불길에서뿐만 아니라 다른 여러 가지로부터 구원을 얻었다는 사실을 깨닫는다. **또한 하나님의 선하심이 자신을 통해 드러난다는 사실도 깨닫는다.** 왜냐하면 많이 용서받은 사람은 많이 사랑하기 때문이다(눅 7:47 참고). 하나님의 선하심이 이런 그리스도인들에게 드러나기 때문에, 다른 사람들과 똑같은 방식으로 그들을 대할 필요는 없다고 말한 것이다. 그들은 이미 하나님이 얼마나 선하신지에 대한 계시를 받았으며, 하나님을 사랑하여 그분과 관계를 맺었다.

Receiving from Heaven

> 예수님은 그저 지옥 피하는 법을 가르쳐 주러 오신 것이 아니라 어떻게 아버지와 관계 맺는지를 보여 주기 위해 오셨다.

지옥을 피하는 것이 구원의 전부라고 여기는 자들은 예수님이 백마를 타고 돌아오시기만을 기다리고 있다. 주님이 이 땅에서 데려가 주시기를 기다리고 있다. 이런 자들은 그저 생존 모드로 인생을 살고 있다. 그들은 비상식량과 생수를 대량으로 사들이고, 대피소를 마련하고, 붉은 용이 세상을 장악하기만을 기다린다(계 12장 참고). 그들은 두려움에 기초하여 행동하는데, 그런 마음가짐은 사랑하는 하늘 아버지와의 관계에서 비롯된 것이 아니다. 이 시대를 깨우는 소명을 받은 자로서, 나는 그들이 뭔가 놓치고 있다는 것을 말하고자 한다.

예수님은 그저 지옥 피하는 법을 가르쳐 주러 오신 것이 아니라 어떻게 아버지와 관계 맺는지를 보여 주기 위해 오셨다. 이것은 요한복음 17장에 요약되어 있다.

> 아버지여, 아버지께서 내 안에, 내가 아버지 안에 있는 것 같이 그들도 다 하나가 되어 우리 안에 있게 하사 세상으로 아버지께서 나를 보내신 것을 믿게 하옵소서 내게 주신 영광을 내가 그들에게 주었사오니 이는 우리가 하나가 된 것 같이 그들도 하나가 되게 하려 함이니이다 곧 내가 그들 안에 있고 아버지께서 내 안에 계시어 그들로

> 온전함을 이루어 하나가 되게 하려 함은 아버지께서 나를 보내신 것
> 과 또 나를 사랑하심 같이 그들도 사랑하신 것을 세상으로 알게 하
> 려 함이로소이다 (요 17:21-23)

이 구절에서 예수님은 본질적으로 이렇게 말씀하고 계신다. "아버지여, 우리가 나누는 것과 똑같은 영광을 그들에게 나누어 주셔서 우리 모두가 하나 되게 하소서." 우리도 바로 그 하나 됨에 관한 계시를 받아 하나님의 영광을 나누게 될 것이다.

> 그의 신기한 능력으로 생명과 경건에 속한 모든 것을 우리에게 주셨
> 으니 이는 자기의 영광과 덕으로써 우리를 부르신 이를 앎으로 말미
> 암음이라 이로써 그 보배롭고 지극히 큰 약속을 우리에게 주사 이
> 약속으로 말미암아 너희가 정욕 때문에 세상에서 썩어질 것을 피하
> 여 신성한 성품에 참여하는 자가 되게 하려 하셨느니라 (벧후 1:3-4)

베드로는 하나님이 신성한 능력으로 우리에게 대단히 위대하고 소중한 약속을 주셨다고 말한다. 그것이 바로 하나님의 선하심이다! 그런 약속들을 통해 우리는 세상의 정욕과 부패로부터 벗어나 신성한 성품에 참여하는 자가 될 수 있다. 이것이 바로 태초에 하나님이 뜻하신 우리의 본래 모습이다.

하나님의 위대하고 소중한 약속들을 통해 우리는 세상의 정욕과 부패로부터 벗어나 신성한 성품에 참여하는 자가 될 수 있다.

하나님 보좌의 기초

나는 단순히 지옥을 피하기 위해서가 아니라 아버지 하나님과 정원을 거닐기 위해 회복되었다. 나는 주님이 오셔서 나를 본향으로 데려가시기를 기다리며 대피소에 숨거나 하지는 않을 것이다. 그러는 동안 세상은 자신의 뜻대로 모든 자원을 차지하고 땅 위의 모든 것을 통제한다. 나는 어디를 가든 성령 안에서 능력으로 기도할 것이다. 기도하는 것이 두렵지 않기 때문에 누구 앞에서든 그렇게 기도할 것이다. 나는 하나님과 주님 보좌의 기초에 집중하기 때문에 사람들이 어떻게 생각하든 신경 쓰지 않는다.

주님의 영광스러운 보좌는 공의와 정의로운 판결에 기초합니다. 은혜와 진리는 주님 앞에서 섬기는 시종입니다. (시 89:14, The Passion Translation[TPT])

하나님의 보좌는 의와 공의와 진리의 기초 위에 세워진다. 그분의 절대적 진리 위에 세워진다. 하나님은 천사들에게 기초 가운데 하나를 바꾸라고 하거나 공의와 거룩함은 시대에 맞지 않으니 치우라고 말씀하지 않으실 것이다. 하나님의 보좌는 하나님 나라의 특징에 기초해서 세워지며, 바로 그 보좌 위에서 하나님이 다스리고 통치하신다. 하나님께서 판결하실 때, 그분이 앉아 계신 곳에는 의와 공의와 진리의 토대가 있다. 그것은 주님의 결정이 바로 그것에 기초하고 있음을 나타낸다.

우리가 예수 그리스도와 하나님 아버지에게서 받아 누릴 수 있는 것은 하나님의 형상대로 지음 받았다는 사실에 기초한다. 우리는 하나님의 은혜와 자비를 받기에 합당한 자가 되어야 한다. 물론 우리는 결코 하나님이 드러내실 모든 선함을 다 받을 만한 수준에는 이르지 못할 것이다. 결코 예수 그리스도께서 그의 피로 우리를 위해 이루신 것보다 더 나은 일을 할 수 없다. 이 마지막 때에 예수님의 보혈의 능력이 감소되지는 않을 것이다.

많은 사람들이 예수님의 보혈에 대해 논의하기를 꺼려한다. 그것이 우리를 불편하게 만들기 때문이다. 사람들은 교회가 성장하길 바라는 마음으로 목회자들이 교회에서 십자가를 내리고 보혈의 능력에 대해 이야기하지 말아야 한다고 말한다. 또한 지옥에 대해 설교하는 것은 시대에 맞지 않으며, 사람들의 마음이 불편해지지 않도록 특정한 찬양만 해야 한다는 말도 한다. 그러나 우리는 예수님이 가시는 곳마다 사람들의 마음을 불편하게 하셨다는 사실을 기억해야 한다.

나는 사람들이 사고방식과 관점이 변하여 천국으로부터 받아 누리는 삶을 살기 바란다. 내가 천국에 있을 때, 하나님께서 사물을 바라보는 방식과 일을 행하시는 방식이 말씀과 일치한다는 사실을 깨달았다. 새로운 계시를 받을 필요가 없다는 것이다. 새로운 시스템을 만들 필요도 없다. 그런 것들이 꼭 있어야만 하는 것도 아니다. 오히려 우리는 하나님의 선하심과 주님이 우리에게 공급하신 것에 집중해야 한다.

> 내 형질이 이루어지기 전에 주의 눈이 보셨으며 나를 위하여 정한 날이 하루도 되기 전에 주의 책에 다 기록이 되었나이다 (시 139:16)

하나님은 왜 예수님을 보내셨을까? 단지 우리를 지옥의 불길에서 구하기 위해서만이 아니다. 물론 그것도 대단한 일이지만, 구원은 그것보다 훨씬 더 놀라운 일이다. 하나님은 우리가 태어나기도 전에 우리에 대해, 그리고 우리의 구원을 계획하고 예정해 놓으셨다. 시편 139편에서도 하나님이 우리의 길을 닦아 놓으셨다고 말한다. 주님은 그 길 위에서 계신다. 하나님은 우리를 과거로부터 보호하기 위해 우리의 뒤를 따라오신다. 우리를 향한 하나님의 계획은 우리 인생의 전 영역을 두르고 있다.

> 주님은 나의 길을 예비하기 위해 나의 미래로 가셨고, 과거의 해로움으로부터 나를 보호하시려고 친절하게 나의 뒤를 따라오셨습니다. 주님의 사랑의 손으로 내 삶을 축복하셨습니다. (시 139:5, TPT)

나는 천국에 있는 동안 모든 인간이 하나님의 형상대로 창조되었다는 것을 깨달았다. 우리는 하나님과 교제하고 동행하기 위해 영적인 존재로 지어졌다. 천국에는 우리에 대해 기록된 책이 있는데, 이 책은 우리 곁에 있는 모든 사람과 관련이 있다. 우리는 이 세대 전체에 영향을 미치게 되어 있다. 하나님은 우리 삶의 영역을 사방 1미터 이상으로 계획하셨다. 그런데 대부분의 사람들은 지름 1미터의 세상에서 살아가고 있다. 그래서 모든 것이 오직 자기 자신에 관한 것이다.

하나님의 눈으로 보면, 이전 세대에 기도했던 것들이 바로 지금 우리를 통해 응답되고 있다. 그들은 이 세상을 떠났지만, 하나님은 이전 세대의 사람들, 수고하고 애쓴 자들의 기도에 응답하고 계신다. 우리가 그 약속의 성취에 쓰임 받고 있는 것이다. 우리가 인식하지 못할 수도 있지만, 그 일은 지금도 일어나고 있다. 다음 세대를 위해 우리도 같은 일을 할 수 있다. 만약 우리가 온전히 순종하기까지 하나님을 열정적으로 사랑하기로 결단한다면, 우리 세대에 모든 것을 성취할 수도 있다.

> 예수님께서 대답하시기를 "나를 사랑하는 것이 너에게 힘을 주어 내 말에 순종하게 한다. 그리고 내 아버지께서 너희를 깊이 사랑하셔서 우리가 너에게 와 너를 우리의 거처로 삼을 것이다." (요 14:23, TPT)

Receiving from Heaven

만약 우리가 온전히 순종하기까지 하나님을 열정적으로 사랑하기로 결단한다면, 우리 세대에 모든 것을 성취할 수도 있다.

만약 우리가 하나님과 동역하여 마귀의 권세를 완전히 파쇄할 수 있다면, 전 세계에서 하나님의 역사가 밀물처럼 시작되어 끝없이 넘쳐 흐르게 될 것이다. 예수님은 바로 앞에서 내게 말씀하셨다. "아버지께서 내게 말씀해 주지 않으시니 언제 돌아갈지는 나도 모른다. 그러나 지금은 아니라고 말해 줄 수 있다. 중국과 러시아, 중동이 돌아와야 하기 때문이다." 마지막 대추수로 예수님이 재림하시게 될 것이다. 그러므로 우리는 그 추수와 이스라엘의 평화를 위해 기도해야 한다.

예수님은 "내가 언제 다시 돌아올지는 교회에 달려 있다"고 말씀하셨다. 하나님 아버지께서는 교회를 위해 예수님을 돌려보내고 싶어 하신다. 동시에 주님은 추수가 시작되기를 바라신다. 이 일이 일어날 때까지 하나님 아버지는 교회를 이 세상에 두실 것이다.

하나님의 계획은 모든 사람이 구원받는 것이다. 아무도 지옥에 가지 말아야 하는데도, 사람들은 무리를 지어 지옥에 가고 있다. 하나님은 누구도 지옥에 보내지 않으셨다. 주님은 그렇게 하시는 분이 아니다. 천국에 있는 책에는 우리 모두가 천국에 가는 것으로 쓰여 있다. 그것이 우리의 소명이지만, 우리가 생각하는 예정설이 아니라 단순히 하나님의 본성일 뿐이다.

하나님은 없는 것을 있는 것처럼 부르신다(롬 4:17 참고). 그분은 우리를 지옥에 가는 존재로 만들지 않으셨다. 모든 사람은 하나님의 형상대로 구원받고 천국에 가도록 만들어졌다. 그러나 나사렛 사람들처럼, 오늘날에도 예수님을 받아들이지 않는 사람들이 많다.

우리는 사람들에게 구원의 필요성을 보여 줘야 한다. 이미 십자가에서 대가가 지불되었으므로, 천국에 기록된 그들을 향한 하나님의 계획을 깨닫고 받아들이는 것이 그들이 해야 할 일이라는 것을 알려야 한다.

예수님과 그분의 희생을 받아들이고, 어린 양의 피로 구원받으라. 그러면 천국의 책이 펼쳐지고, 각 사람이 그 내용대로 이 땅에서 살아갈 수 있다. 그러나 이렇게 하지 않는다면, 지옥으로 갈 것이다. 그것이 복음이다. 회개하라. 하나님 나라가 가까이 왔다!

Chapter 2

천국의 보상시스템

믿음이 없이는 하나님을 기쁘시게 하지 못하나니 하나님께 나아가는 자는 반드시 그가 계신 것과 또한 그가 자기를 찾는 자들에게 상 주시는 이심을 믿어야 할지니라 (히 11:6)

Chapter 2
Receiving from Heaven

그러나 너희가 내 괴로움에 함께 참여하였으니 잘하였도다 빌립보 사람들아 너희도 알거니와 복음의 시초에 내가 마게도냐를 떠날 때에 주고 받는 내 일에 참여한 교회가 너희 외에 아무도 없었느니라 (빌 4:14-15)

바울은 빌립보서에서 주고받는 것에 관해 언급한다. 그러나 우리는 받는 부분에 대해서는 절대 이야기하지 않는다. 대부분의 사람들이 관대하게 잘 베푼다. 그런데 주님은 받는 능력에 관해서도 우리가 관심을 많이 가져야 한다고 말씀하셨다. 알다시피 우리에게는 재정과 치유, 인도함이 필요하다. 어떻게 하면 잘 받는 사람이 될 수 있을까?

예수님이 내게 보여 주신 것은, 우리가 행한 만큼 보상받고 싶어 하는 갈망을 갖도록 창조되었다는 점이다. 그것은 우리 정체성의 일부이며, 하늘 아버지께서 우리를 그렇게 지으셨다. 우리가 먼저 깨달아야 할 사실은, 하나님이 보상시스템을 세워 놓으셨다는 것이다.

> 믿음이 없이는 하나님을 기쁘시게 하지 못하나니 하나님께 나아가는 자는 반드시 그가 계신 것과 또한 그가 자기를 찾는 자들에게 상 주시는 이심을 믿어야 할지니라 (히 11:6)

하나님은 자기를 찾는 자들을 위해 보상시스템을 세워 놓으셨다. 하나님은 부지런히 자신을 찾는 자들에게 상 주시는 분이다. 주님을 찾는 자들은 그분을 만날 것이다. 예수님은 "사람이 나를 사랑하면 내 말을 지키리니 내 아버지께서 그를 사랑하실 것이요 우리가 그에게 가서 거처를 그와 함께 하리라"(요 14:23)고 말씀하셨다. 그런 일이 일어나면 삼위일체 하나님이 우리 안에서 함께 거하시게 된다. 성령께서 이미 함께 계시기 때문에 우리는 삼위일체와 함께 일하고 있는 것이다. 삼위일체 하나님은 우리의 모든 것에 주의를 기울이며 우리 삶에 적극적으로 관여하시기 시작한다. 그런 일이 일어나려면, 우리가 하나님께 순복해야 한다.

하늘에 계신 우리 아버지께서는 우리가 잘 베풀 뿐 아니라 잘 받는 자가 되기를 원하신다. 하나님의 영은 우리의 연약함을 돕고 싶어 하신다(롬 8:26 참고). 하나님은 우리가 천국으로부터 잘 받아 누리는 위치에 이르기를 바라신다.

> 내가 선물을 구함이 아니요 오직 너희에게 유익하도록 풍성한 열매를 구함이라 (빌 4:17)

사도 바울은 빌립보서에서 보상시스템을 말한다. 그는 단지 선물을 구하지 않고, 성도의 계좌가 차고 넘치도록 풍성한 열매를 구하였다. 바울은 그들이 재정뿐 아니라 모든 영역에서 번창하길 원했다. 단지 계좌로 들어오는 것만이 번영이 아니라는 사실을 알고 있는가? 번영은 오히려 계좌에서 새어 나가는 문제에 관한 것일 수도 있다. 그릇이 샐 수도 있다는 말이다.

Receiving from Heaven

> 단지 계좌로 들어오는 것만이 번영이 아니라는 사실을 알고 있는가? 번영은 오히려 계좌에서 새어 나가는 문제에 관한 것일 수도 있다. 그릇이 샐 수도 있다는 말이다.

한때 기후가 아주 뜨거운 지역에서 살았는데, 주님은 집안의 찬 공기가 밖으로 새어 나가지 않게 하라고 말씀하셨다. 주님이 가르쳐 주신 여섯 가지를 잘 지키자, 매달 수백 달러의 전기요금을 절약할 수 있었다. 나는 그 원리를 모든 일에 적용하기 시작했다. 내가 통장의 지출을 조절할 수 있다는 사실을 깨달으면서 천국으로부터 정보를 받는 데 많은 도움이 되었다. 주님은 단지 얼마가 들어오느냐가 아니라 무엇이 새어 나가고 있느냐가 중요하다고 말씀하셨다.

한번은 주님께서 내게 5불짜리 커피를 매일 사서 마실 필요가 있느냐고 물으셨다. 내가 "아니요"라고 대답하자, 주님은 혼자 내려 마실 수 있으면서 1불도 되지 않는 특제 커피가 있다고 말씀하셨다. 만약 하나님이 말씀하시도록 허락해 드리면, 우리를 모든 진리로 인도하시기 시작할 것이다. 빌립보서에서 바울은 "나는 그것이 풍성히 넘쳐서 너희 계좌에 쌓이기 바란다"고 말한다. 계좌도 있고, 보상시스템도 있다. 참으로 좋은 소식이 아닌가!

> 나의 하나님이 그리스도 예수 안에서 영광 가운데 그 풍성한 대로 너희 모든 쓸 것을 채우시리라 (빌 4:19)

이 구절은 하나님께 천국 계좌가 있다는 사실을 보여 준다. 바울이 말한 대로, 하나님은 그분의 창고에 있는 것을 꺼내어 우리에게 주실 것이다. 그러나 그것은 영적인 계좌에서 나오는 것이기에 이 땅의 물질적인 것으로 변환되어야 할 것이다. 그런데 이것이 항상 우리가 생각하는 방식으로 오지는 않는다. 때로는 지출을 막아 저축하는 방식일 수도 있다. 핵심은 영적인 것들이 이 땅의 것으로 변환되어야 한다는 것이다.

본질적으로, 바울은 다음과 같이 말하고 있는 것이다. "계좌가 하나 있다. 나는 너희가 베풀기를 바라는데, 그것은 사도인 나를 위해서가 아니라 너희 계좌에 쌓이길 원하기 때문이다. 하나님께서 너희를 위한 계좌를 갖고 계셔서 예수 그리스도의 영광의 풍성함을 따라 너희의 모든 필요를 채워 주실 것이다." 천국에는 계좌가 있고, 하나님의 천사들이 모든 것을 기록한다.

최근에 아내와 나는 스튜디오를 마련하여 일을 시작했는데, 하나님의 권능이 너무나 강력해서 그곳을 떠나고 싶지가 않았다. 그러나 하나님이 우리를 공항으로 보내셨기 때문에 그곳으로 갔다. 우리가 여행을 하거나 이동할 때, 또는 내가 쓴 책이나 강의를 통해 사람들의 삶에 큰 회복과 보상이 있기를 기대한다. 그것이 사람들의 계좌에 쌓이기를 바란다. 예수님이 어떤 분이신지 깨달으면 우리 계좌에 그것이 쌓이게 된다. 그분이 그저 목수의 아들이라면, 우리가 얻을 것이라고는 책상이나 의자밖에 없다. 구원이나 치유, 공급이 필요할 때, 우리는 '메시아'를 찾거나 '다윗의 자손'을 외쳐 부른다. "저 사람은 목수의 아들이 아닌가요?" 하고 외치지 않는다. 예수님의 고향 사람들이 손해 본 이유가 바로 이 때문이다.

> 예루살렘아 예루살렘아 선지자들을 죽이고 네게 파송된 자들을 돌로 치는 자여 암탉이 그 새끼를 날개 아래에 모음 같이 내가 네 자녀를 모으려 한 일이 몇 번이더냐 그러나 너희가 원하지 아니하였도다
> (마 23:37)

예루살렘도 메시아를 알아보지 못해 손해를 봤다. 이 말씀을 하시고 얼마 지나지 않아 예수님은 십자가에 못 박히셨다. 예루살렘 사람들은 주님이 찾아오시는 날을 알아차리지 못했다. 우리도 예수님이 찾아

오신다는 사실을 인식해야 한다. 그렇게 할 때, 하나님과의 언약을 온전히 받아 누릴 수 있다.

하나님이 우리에게 상 주기 원하신다는 것과 우리가 주님을 위해 하는 모든 일에 보상이 있게 해 놓으셨다는 것을 깨달으라. 우리가 공들이며 수고한 사람이 우리를 무시할지라도, 그것은 우리에게 중요하지 않다. 일단 누군가를 위해 일을 하면, 그 거래는 이뤄진 것이고, 영적으로 보면 그 보상은 우리 계좌에 쌓인다. 우리에게 대단히 유리하게 되어 있다.

기독교는 어린아이라도 받아들일 수 있는 이 단순한 진리로 돌아가야 한다. 아이들이 어른들보다 먼저 천국을 영접하는 이유는, 그들이 순전한 믿음으로 하나님 나라를 받아들이기 때문이다.

네 손에 있는 것이 무엇이냐?

여호와께서 그에게 이르시되 네 손에 있는 것이 무엇이냐 그가 이르되 지팡이니이다 (출 4:2)

애굽에서 탈출하여 홍해에 이른 이스라엘 백성은 진퇴양난에 빠졌다. 애굽 군대가 바짝 뒤쫓아 오자, 그들은 비명을 지르며 하나님께 구해 달라고 울부짖었다(출 14:10-22 참고). 그 순간, 치열한 전쟁이 모세를 엄습했다. 모세는 압박감에 짓눌린 채 하나님께 부르짖기 시작했다. 이에 하나님께서는 "왜 나에게 부르짖느냐?"고 하시며 모세에게 잠잠하라고 말씀하셨다. 그리고 바닷가로 내려가서 지팡이를 들어 초자연적으로 바다를 가르라고 하셨다.

모세는 항상 위기 상황에서 하나님의 말씀에 순종하여 지팡이를 들었다. 백성들은 모세에게 해결책을 요구했고, 그것이 모세를 무기력하게 만들었다. 사람들이 와서 감정적 영역으로 끌어들일 때, 그렇게 힘빠지는 일이 우리에게 일어난다.

현재 병원에 입원해 있는 친구들이 있다. 그들은 시한부 선고를 받았지만, 나는 이미 그들에게 죽지 않고 살 것이라고 선포했다. 내가 그렇게 선포했기 때문에 성령님은 그들에게 다시 전화를 걸게 하지 않으신다. 말씀이 이미 선포되었다면, 친구를 잃을지도 모른다는 감정에 끌려가지 말고 부활의 능력 안에 머물러야 한다.

예수님이 나사로를 살리는 자리에 늦게 나타나셨다 해도 상관없다. 주님은 나타나셔야 할 제 시간에 나타나셨다. 혼의 영역에서 보면 너무 늦었다. 그러나 주님은 언제나 놀라운 능력으로 죽음을 뒤집으셨다. 내가 전화를 걸어 자상한 친구 노릇을 할 수도 있고, 매사에 따뜻하게 격려할 수도 있다. 하지만 그것은 내 손에 쥐어진 모세의 지팡이가 될 수 없으며, 삼손의 나귀 턱뼈(삿 15장 참고)도 되지 못한다.

Receiving from Heaven

말씀이 이미 선포되었다면, 우리는 부활의 능력 안에 머물러야 한다.

하나님이 우리 집에 오셔서 우리와 함께 거하시며 말씀을 주신다면 어떤 일이 벌어지는가? 이것이 바로 기독교다. 이것은 선지자가 되는 것이 아니라, 단순히 그리스도인이 되는 것이다. 이것이 주 예수 그리스도의 교회이며, "음부의 권세가 이기지 못하리라"(마 16:18)는 말씀의 참된 의미이다. 우리가 어떻게 그것을 엉망으로 만들 수 있겠는가?

나는 그보다 더 나은 일을 할 수는 없지만, 그렇다고 뒤로 물러서지도 않을 것이다. 타협은 아무에게도 도움이 되지 않는다. 우리는 엄격한 자기 관리로 삶을 바로 세우고 싶어하는데, 그런 다음에 다른 사람을 도울 수 있기 때문이다. 하나님은 타협하라고 우리를 부르시는 것이 아니다. 그분이 이미 우리를 위해 취하신 영역을 되찾으라고 부르시는 것도 아니다.

가만히 앉아서 말만 하는 것으로는 아무 도움이 되지 않는 경우도 있다. 대화하면서 상대에게 사랑한다고 말할 수도 있고, 그들을 위해 기도하고 있다고 말할 수도 있다. 그러나 주님의 말씀을 듣기 원한다면, 하나님이 말씀하시게 해 드려야 한다. 그분이 내게 말씀하시지 않으면, 나는 아무 말도 하지 않는다. 구약의 선지자들은 예언을 잘못 해석하거나 혼적 차원에서 자기 생각을 말할 때, 돌을 맞았다.

나는 주님을 경외하기 때문에 하나님의 영으로 말하고 싶다. 내가 전하는 말이 능력 있길 바라고, 또 내가 중대한 일을 한다는 것을 마귀가 알았으면 좋겠다. 하나님이 교회 안에 사도와 선지자, 복음전도자, 목사, 교사들을 세우셨다는 사실을 그리스도의 몸 안에 있는 모든 사람이 알기 바란다. 우리가 어떤 존재인지 말할 필요는 없다. 사람들은 열매를 보고 우리가 누구인지 안다(마 7:16 참고).

∴
받으려면 두려움을 버리라

또 어떤 가난한 과부가 두 렙돈 넣는 것을 보시고 이르시되 내가 참으로 너희에게 말하노니 이 가난한 과부가 다른 모든 사람보다 많이 넣었도다 (눅 21:2-3)

천국으로부터 받으려면 두려움을 버려야 한다. 하나님께서 누군가에게 주라고 하시거나 혹은 자발적으로 자원을 나눠 주고 싶다면, 그로 인한 결핍을 두려워하지 말아야 한다. 이와 관련해서 예수님은 나에게 과부와 두 렙돈 이야기를 해주셨다.

주님께서 사람들이 성전에 와서 헌금을 드리는 것을 관찰하고 계실 때, 거기에는 사도들과 가난한 과부, 바리새인들이 있었다. 과부는 조용히 헌금을 드리고 돌아갔고, 다른 사람들은 과시하며 헌금했다. 예수님은 제자들에게 두 렙돈을 드린 과부가 가장 많이 드린 것이라고 말씀하셨다. 주님은 과부가 자신의 전 재산을 헌금한 것을 아시면서도 가서 막지 않으셨다. 도리어 제자들에게 그녀를 칭찬하셨다. 예수님은 그녀가 헌금하지 못하게 하실 수도 있었고, 유다를 시켜 그녀에게 돈을 주실 수도 있었지만, 그렇게 하지 않으셨다.

> 각각 그 마음에 정한 대로 할 것이요 인색함으로나 억지로 하지 말지니 하나님은 즐겨 내는 자를 사랑하시느니라 (고후 9:7)

주님께서 모든 것을 보신다는 깨달음은 그분을 향한 일종의 신뢰와 같다. 그런 관계에서 우리가 어떻게 할지 마음으로 결정할 때, 보상을 받을 것이다. 자신과 성령님께 옳게 보이는 일을 마음으로 확정하기 전까지 어떤 것도 하지 말아야 한다. 그것이 사도 바울이 말한 의도다. "성령과 우리는 … 옳은 줄 알았노니"(행 15:28).

잘 베푸는 사람이 잘 받을 수 있다. 받는다는 것은 손해 보지 않는 것과 관계가 있다. 그 과부는 손해 보지 않았지만, 그 당시에는 그것을 몰랐을 수 있다. 어쩌면 그날 밤에 주린 채로 집에 가서 아무것도 먹지 못했을 수도 있다. 하지만, 지금까지 천국에서 모두가 그녀를 알고 있고, 심지어 말씀에 기록되어 있기 때문에 이 땅에서도 다들 알고 있다. 확실히 그 과부는 보상을 받았다. 사람들은 보지 못했지만, 주님께서 알아주셨다. 하나님은 즐거이 드리는 자를 사랑하신다.

Receiving from Heaven

잘 베푸는 사람이 잘 받을 수 있다.

최근에 항공사에서 근무한 이후로 사용하지 않던 계좌를 확인하였는데, 그냥 두기에는 너무 많은 돈이 있었다. 어떤 일에 쓰면 좋을까 생각하던 중 주님께서 말씀하셨다. "누가 차를 사려고 하는데, 지금 바로 그 대금을 치러 줬으면 좋겠다." 아내는 내가 설명을 다 마치기도 전에 대답했다. "좋아요. 그렇게 해요."

주님이 말씀하신 부부를 찾아가 차를 사는 데 필요한 대금을 다 치르자, 그들은 울기 시작했다. 나는 그들에게 주님께서 그들을 사역자로 부르신다는 것과 그들을 강력하게 사용하시기 위해 빚을 청산해 주기 원하신다고 말해 주었다. 그들이 마지막으로 갖고 있던 차는 고장이 났지만, 하나님은 마치 그런 일이 전혀 없었던 것처럼 해주기 원하셨다.

하나님께서 어떤 일을 하라고 하실 때, 혹시라도 궁핍에 처할지도 모른다는 두려움에 사로잡혀서는 안 된다. 아내와 내가 하나님께 순종했기 때문에 천국이 우리 위에 열려 있었다. 천국에는 보상시스템이 있기 때문에 손해 볼 일이 전혀 없다. 우리는 결핍을 두려워하지 말아야 한다.

두려움은 아무것도 할 수 없게 만들고, 두려움 속에서는 누구도 제대로 살아갈 수 없다. 하나님께서 명하시는 일을 마음에 새기고 행하면, 복을 온전히 누릴 수 있다. 하나님께 순종하는 비로 그 순간, 우리를 위해 천사들이 파견된다. 어쩌면 이 말이 너무 근사해서 정말 그런지 확인해 보려고 애쓰고 있을지도 모르겠다. 그런데 이것은 분명한 사실이다! 이것은 치유받는 것이나 구원받는 것과 똑같은 원리이다.

잘 주는 사람이 되기 위해서는 잘 받는 사람이 되어야 한다. 하나님은 부지런히 자기를 찾는 자에게 상을 주시므로, 우리는 그분이 상 주시기를 기대해야 한다.

관계 중심의 믿음

구하라 그리하면 너희에게 주실 것이요 찾으라 그리하면 찾아낼 것이요 문을 두드리라 그리하면 너희에게 열릴 것이니 구하는 이마다 받을 것이요 찾는 이는 찾아낼 것이요 두드리는 이에게는 열릴 것이니라 (마 7:7-8)

예수님은 치유에 대해 이렇게 말씀하셨다. "내가 등에 채찍을 맞고 십자가에 못 박혔을 때, 땅의 깊은 곳으로 갔었다(엡 4:8-10 참고). 나는 사탄으로부터 모든 것을 되찾았다. 모든 것을 말이다. 나는 과거로 돌아가지 않을 것이며, 그 모든 일을 다시 겪지 않을 것이다. 나는 모두를 위해 모든 것을 분명하게 되찾았다. 선한 일을 하였고, 마귀에게 짓눌린 모든 자를 치유했다."

예수님께 나아온 사람마다 치유를 받았다. 찾는 자는 찾을 것이요, 구하면 받을 것이요, 두드리면 문이 열릴 것이다. "그래, 원하는 것이 무엇이냐?"라는 말이 필요 없이 문이 활짝 열릴 것이다. 예수님이 그렇게 말씀하셨기 때문에 달리 논할 필요도 없다. 심지어 주님은 믿는 것에 대해 언급하지도 않으셨다.

우리가 믿음faith을 방법론으로 만들어 놓았기 때문에 믿는다는 것believing은 소위 우리가 믿음이라고 일컫는 것보다 본질적으로 한 단계

높다고 할 수 있다. 그런 방법론에서는 말을 많이 하면 그분을 설득할 수 있다고 가르친다. 그러나 하나님께 무언가를 구하는 것은 방법론이 아닌 관계의 문제이다.

Receiving from Heaven

하나님께 무언가를 구하는 것은 방법론이 아닌 관계의 문제다.

관계는 우리가 믿음이라고 부르는 것보다 더 높은 차원이다. 우리와 하나님의 관계는 더 깊은 단계로 나아가야 한다. 관계적으로 보면, 우리는 하나님께 요구하지 않는다. 그것은 사실 진정한 관계가 아니다. 하나님께서 우리에게 말씀하실 때, 그분은 우리가 의심하거나 반문하지 않기를 바라신다.

그런데 우리는 종종 하나님께 나아가 이렇게 말한다. "주님, 주님이 보시기에 이것이 괜찮은 건가요? 참 많은 일들이 일어났고, 저는 많은 전쟁을 치렀습니다. 이것이 주님이 저에게 바라시는 건가요?" 때로는 사람들이 힘들게 하여 우리의 소명을 지체시키는 경우가 있는데, 바로 이럴 때 하늘 아버지와 우리의 관계가 어떤지, 우리의 삶을 그분과 나누고 있는지 드러난다.

> 그러므로 나 바울은 한번 두번 너희에게 가고자 하였으나 사탄이 우리를 막았도다 (살전 2:18)

사도 바울이 사탄에게 방해를 받는다고 상상해 보라. 이것은 성경에 기록된 사실이다. 믿음에는 힘이 있다. 하나님과의 관계 차원에서는 더 그렇다. 물론 차이가 있다. 하나님은 그저 단순한 규칙이나 방법이 아니다. 그리고 우리가 말씀을 이루고 있는 것이 아니라 하나님이 우리에게 이루고 계시는 것이다. 하나님은 인격이시고, 바로 여기 우리 안에 계신다. 그러므로 하나님에 대해 이야기할 것이 아니라 차라리 그분께 직접 말하라. 우리를 통해 주님이 살아가시도록 해야 한다. 우리가 베풀고 천국으로부터 받는 것은 주님과의 관계와 관련이 있다. 우리가 알고 있는 그런 믿음과는 다르다.

구약에서 믿음에 해당하는 히브리어는 '관계'를 뜻하며, 이 말은 신뢰와 관련이 있다. 어떤 사람을 신뢰할 수 있을 만큼 잘 안다는 것으로, 그 사람이 어떤 일을 한다고 하면 그렇게 하리라 생각하는 것이다. 그것이 가장 순수하고 단순한 의미에서 믿는 것이다.

믿음은 하나님이 거짓말을 하지 않으신다는 것을 아는 것이다. 그리고 그분이 우리에게 어떤 일을 하리라 말씀하시고 하지 않으시는 분이 아니라는 것을 아는 것이다. 만약 그 일이 일어나지 않는다면, 그것은 영적 전쟁 때문이다. 보내는 사람 쪽에는 문제가 없다. 받는 쪽에 문제가 있는 것이다. 공급이 지체되는 것은 받는 쪽의 문제이다. 우리, 곧 우리의 싸움, 살아가는 환경, 우리의 소명을 망치는 사람들 때문이다. 천사들은 하나님의 뜻을 받드는 존재들이다. 그러므로 우리가 하나님께 동의하면 천사들은 움직일 준비를 하고, 하나님은 그들을 보내신다.

여호수아가 여리고에 이르렀을 때, 눈을 들어 보니 어떤 사람이 손에 칼을 빼 들고 그 앞에 서 있었습니다. 여호수아가 그에게 다가가 말했습니다. "당신은 우리 편이오, 우리 원수의 편이오?" 그가 대답했습니다. "아니다. 나는 지금 여호와의 군사령관으로 왔다." 그러자 여호수아가 땅에 엎드려 경배하고 그에게 말했습니다. "내 주께서 종에게 무슨 말씀을 하시렵니까?" (수 5:13-14, 우리말 성경)

Receiving from Heaven

천사들은 하나님의 뜻을 받드는 존재들이다.
그러므로 우리가 하나님께 동의하면 천사들은 움직일 준비를 하고,
하나님은 그들을 보내신다.

여호수아가 길에서 군대장관 천사를 만났을 때, 그는 이렇게 물었다. "당신은 우리 편이오, 아니면 원수의 편이오?" 천사는 "이편도, 저편도 아니다"라고 대답했다. 그는 주님께 보냄을 받아 임무를 수행하는 중이었다. 그는 주님의 명령대로 행하였기 때문에 편을 고르지 않았다. 여호수아가 주님의 편에 서 있는 한, 그는 무사했다. 천사에 대해 언급된 모든 성경 구절들을 살펴보고, 우리가 파송될 때 천사도 함께 파송된다는 사실을 깨닫고 신뢰하라.

주님께서 수술 중 숨을 거둔 나를 다시 살려 이 땅으로 돌려보내셨다. 나는 절대로 실패할 수 없다. 예수님께서 그렇게 말씀하셨기 때문이다. 우리가 아픈 사람에게 손을 얹을 때, 그 사람을 치유하는 것은 우리가 아니다. 단지 그 사람에게 손을 얹고 해야 할 일을 하는 것뿐이다. 우리에게는 특별한 러닝머신이 있어서 그것을 작동을 시키고 그 위에 올라가기만 하면, 나머지는 하나님께서 하실 것이다. 물론 우리는 우리의 일을 해야 한다. 그것은 바로 아픈 사람에게 손을 얹는 것이다.

우리는 하나님과 그의 나라에 동참하여 사탄의 일에 대항한다. 사탄과 마주칠 때마다 그의 머리를 가격하여 꼼짝 못하게 하고 틈을 주지 않는 것이다. 우리는 마귀의 진을 빼놓고 완전히 지치게 만들어 한 마디도 못하게 할 수 있다. 내가 무슨 말을 하는지 온전히 이해한다면, 그것을 마음에 새길 것이다. 마귀들은 무슨 일이 벌어지고 있는지 아는 그리스도인들에게 아무것도 할 수 없다. 그들에게 마땅한 대안이 없기 때문이다. 우리가 성령 안에서 활동하는 한, 그들은 우리에게 어떻게 손을 대야 할지 모른다.

천국으로부터 받아 누리려면, 하나님의 음성을 듣고 그의 나라를 실행할 수 있는 위치에 있어야 한다. 그럴 때 세상은 예수 그리스도께 돌아오게 될 것이다. 세상 나라는 우리 주 그리스도의 나라가 될 것이다(계 11:15 참고). 이 땅에서 주님의 나라는 우리 안에 있고, 우리를 통해 확장되고 있으며, 교회와 성도들을 통해 이뤄질 것이다. 나는 용감한 누군가가 그렇게 해주기를 기다리지 않고, 내가 직접 그 일을 할 것이다.

지금은 오는 세대의 능력을 느끼고, 그것을 통해 다른 차원으로 올라가야 할 때다. 하나님의 영광을 드러낼 때다.

> 나는 초자연적 세계로 들어가는 문이
> 기도와 내려놓음에 있다는 사실을 알았다.
> 내 육체를 제어하면 그 문을 열 수 있다는 것을 깨달았다

가진 거라고는 두 렙돈이 전부인 가난한 과부가 자신의 마지막 돈을 헌금함에 넣었을 때, 예수님은 그녀를 막지 않으셨다. 주님은 우리가 순종하지 못하도록 막지 않으신다. 막는 것은 바로 우리 자신이다. 주님이 내게 하루에 몇 시간씩 방언으로 기도하라고 명령하신 적은 없지만, 나는 초자연적 세계로 들어가는 문이 기도와 내려놓음에 있다는 사실을 알았다. 내 육체를 제어하면 그 문을 열 수 있다는 것을 깨달았다.

나는 먹는 것과 바쁘게 움직이는 것을 좋아하지만, 성령으로 기도하고 금식하며 집 안에만 머물러야 했다. 이것은 하나님이 시키셔서 한 일이 아니다. 때로는 천국의 영역에서 무언가를 이 땅으로 가져오고 싶어서 하루에 14시간씩 기도하기도 했다. 그렇게 하는 것이 내가 해야 할 일이라는 것을 알았기 때문이다.

사도 바울은 다른 모든 사람보다 더 많이 방언으로 기도했다(고전 14:18 참고). 우리가 해야 할 일들이 있다는 것이 핵심이다. 해야 할 일들을 하다 보면 분명 그 결과를 얻는데, 이것은 시켜서 하는 일이 아니다.

어쩌면 하나님께서 우리가 식사를 거르고 기도하러 가기를 원하실 수도 있겠지만, 그분은 우리에게 먹지 말라고 말씀하지 않으신다. 이것은 우리의 선택이므로 그냥 가서 먹을 수도 있다. 그렇다고 하나님이 우

리를 막지 않으신다. 이것이 우리가 선택의 영역에 있도록 허락하시는 하나님의 방식이다.

기도하러 갈 때, 주변의 모든 것이 우리를 방해하기 때문에 마음속으로 어떻게 하기 원하는지 결정하고 나서 기도해야 한다. 하나님은 우리에게 "오늘 두 시간 동안 기도해야 한다"고 명령하지 않으실 것이다. 하지만 내가 그렇게 오래 기도하면 마귀가 싫어한다는 사실을 알게 되었다. 마귀는 내가 베푸는 것도 싫어한다. 하나님은 어떻게 하면 무슨 일이 생길 것이라는 식으로 말씀하지 않으신다. 그런 것은 우리 스스로 결정해야 한다.

나는 방언으로 기도할 때마다 마귀가 떠난다는 것을 알게 되었다. 또한 빚을 갚을 능력이 없는 사람들에게 베풀수록 어떻게 해야 할지 모를 정도로 많이 돌려받게 된다는 것도 알게 되었다. 십일조를 할 때면 쌓아 둘 곳이 없을 정도로 받게 된다는 사실도 깨달았다. 하늘의 문들이 열려 있고, 하나님께서 내 복을 갉아먹는 것들을 꾸짖으신다(말 3:11 참고). 하나님께서 이미 말씀하셨지만, 우리는 그 범위 안으로 한 걸음 더 들어가야 한다. 주님은 우리를 막지 않으신다. 그러므로 우리가 잘 받을 수 있는 위치로 나아가야 한다.

나는 응답받지 못할 것 같다는 생각을 하면서 기도해 본 적이 없다. 절대로 효과가 없을 것이라고 생각하면서 기도하지도 않는다. 마음속으로 이것이 해야 할 일이라고 목표를 정하고, 실제로 행하면서 계속 붙들고 있으면 받게 될 것이다. 우리는 하나님의 뜻 안에 머물러 있어야 한다. 주님은 가난한 과부가 자신이 가진 전부를 드리는 것을 막지 않으셨다. 그녀는 그렇게 했고, 하나님은 그녀를 주목하셨다. 그와 동일한 일이 우리에게도 일어날 수 있다.

자신이 어디에 있는지, 그리고 어디로 가야겠다고 느끼는지 주 안에서 한 번 생각해 보라. 스스로에게 "왜 그것이 필요하다고 느끼는가? 왜 여길 가야 한다고 생각하는가? 이것이 성령의 인도하심인가, 아니면 육신의 생각인가?" 물어보라.

일단 하나님이 우리 안에 두신 변수들을 깨닫고 그분의 길을 확정하면, 이후의 모든 반대와 저항은 마귀에 의한 것임을 알라. 이것이 우리가 하늘로부터 받는 지점을 꿰뚫어 보는 열쇠다. 일단 일이 그렇게 진행될 것이라고 확신하면, 그것을 계속 붙들라. 일을 하기 전에 미리 아는 것이 더 낫다.

한번은 하나님께서 나를 치유하실 것이라는 확신이 든 적이 있다. 이전에 신장과 간, 시력이 정상으로 돌아왔던 것처럼, 내 몸의 다른 모든 부분도 똑같이 그렇게 치유될 것이라는 확신이 들었다. 일단 그렇게 되리라는 것을 확정한 후, 나는 천국으로부터 받기 시작했다.

그런데 1983년에 시력검진을 받으러 갔다가 안경이나 렌즈를 써야 한다는 사실을 알게 되었다. 차를 몰고 집으로 가면서 그 사실을 믿고 싶지 않아서 눈물을 흘리던 것이 기억난다. 나는 작년까지 콘택트렌즈와 안경을 썼다. 그러던 어느 날 서재에 앉아 있는데 하나님의 숨결이 임했고, 더 이상 렌즈를 낄 필요가 없게 되었다. 이미 1983년에 치유를 받았지만, 이 땅에서 영적 전쟁이 벌어지고 있기 때문에 내가 겪은 과정이 있다. 그러나 결국 마귀가 어떻게 하고 무슨 말을 하는지는 아무 상관이 없다.

Receiving from Heaven

우리는 하나님의 뜻 안에 머물러 있어야 한다.

생명과 경건을 위해
필요한 모든 것

사람은 아무리 노력해도 흠이 있을 수밖에 없다. 따라서 우리의 경험으로 신학을 만들어 낼 수는 없다. 타락한 세상에서 일어나는 일을 기초로 해서 신앙체계를 만들어 낼 수는 없다. 우리는 그리스도 안에서 구원받았지만, 두려움과 떨림으로 구원을 이루어 가고 있다(빌 2:12-13 참고).

자신에게 일어난 일을 근거로 믿음을 강화시키려 들지 말라. 믿음은 하나님의 나타나심manifestation으로 견고해져야 한다. 예수님은 니고데모에게 바람이 우리 눈에 보이지 않지만, 흔들리는 나뭇가지로 바람의 결과를 볼 수 있다고 말씀하셨다(요 3:7-8 참고). 흔들리는 나뭇가지가 바람의 결과이듯 성령님도 마찬가지이시다. 우리가 하나님의 영을 보지는 못하지만, 그 결과는 볼 수 있다.

리버스 엔지니어링reverse engineering(조립된 순서 반대로 제품을 분해하여 제품의 제조과정 및 성능을 파악하는 기법 - 역자 주)으로 거듭날 수 있는 사람은 없다. 우리를 실험실에 가둔 다음 거듭남에 대해 설명하거나 분석해 봐야 소용없다. 우리가 어떻게 달라졌는지 설명할 수는 없지만, 아무튼 우리는 이전에는 잃어버린 자였지만 이제는 찾은 자이다. 어제까지는 지옥으로 가고 있었으나 지금은 천국을 향해 가고 있다. 과학자들이 변화를 관찰하기 위해 우리를 특정 환경 속으로 몰아넣을 수도 없고, 거듭나는 경험을 조작하거나 만들어 낼 수도 없다. 그럼에도 그것은 여전히 진실이다.

학식이 뛰어난 사도 바울은 예수 그리스도와 그분이 십자가에 못 박히신 것 외에는 아무것도 알지 않기로 결정했다(고전 2:2 참고). 그것이 바울이 알기 원했던 모든 것이었다. 바울은 또한 설득력 있는 지혜의 말이 아니라 성령의 나타나심과 능력으로 고린도인들에게 나아갔다(고전 2:4 참고). 진리의 영은 진리를 촉진시킨다. 우리의 소견으로는 충분하지 않다. 과학적 견해로도 충분하지 않다.

우리는 괜찮다고 느낄지 모르지만, 주님이 날마다 치유의 말씀을 먹어야 한다고 말씀하실 수 있다. 건강에 문제가 없는데도 하나님이 그렇게 말씀하신다면, 그 말씀을 내 안에 쌓고 있는 것이다. 구급차를 타고 응급실로 가면서 도대체 무슨 일이 일어난 것인지 궁금해하면서 치유와 관련된 구절들을 읊어대는 일을 방지하기 위해서 말이다. 꼭 그렇게 해야 하는 것은 아니지만, 주님께서 치유의 말씀들을 주신다면, 아침마다 받아 먹으라. 그것이 예방약이다!

우리 생명을 위해, 또한 우리가 하나님께 드릴 온전한 헌신을 위해 필요한 모든 것이 이미 그의 신성한 능력으로 우리에게 예비되었다. 이 모든 것이 우리에게 풍성하게 베풀어졌다. 우리 이름을 불러 주시고 그분의 선하심을 영광스럽게 드러내도록 초대해 주신 하나님을 아는 풍부한 경험을 통해 그렇게 되었다. (벧후 1:3, TPT)

여기서 베드로는 생명과 경건에 필요한 모든 것이 우리 안에 있다고 말한다. 그렇다면 무엇이 우리를 방해하는가? 하나님은 보내고 계시는데, 우리가 받지 않고 있는 것이다. 그러나 지금은 이미 우리 안에 있기에 나아졌다. 우리 안에 필요한 모든 것이 주어져 있고, 우리는 그것을 드러내려 하고 있다.

성경은 모든 피조물이 하나님의 아들들이 나타나기를 고대하고 있다고 말한다(롬 8:19 참고). 하나님은 예수 그리스도를 통해 오셨다. 그분은 우리를 위해 죽으셔서 생명과 경건에 필요한 모든 것을 우리 안에 두셨다. 우리는 필요한 모든 것을 받았기 때문에 성령의 기름부음이 그것에 불을 붙이는 것이다.

주님께서 맡기신 일을 위해 나는 모든 것을 포기했다. 사실 우리 모두가 그래야 한다. 만약 우리가 그리스도 안에 있다면, 드러나는 현상을 따라다니는 것이 아니라 우리를 통해 충만하게 드러나게 해야 한다.

우리 직원들은 사역을 통해 매일 기적을 목격한다. 이런 기적들은 믿지 않는 세대를 향한 표적과 기사다. 우리를 통해 드러나는 것은 주님의 인격, 즉 진리다. 하나님의 영 안에는 제한이 없다는 것이 진리이다. 제한은 이 세상의 영역일 뿐이다. 이것은 훈련하고 발전시키기보다는 순복하는 것이다. 돛단배가 되어 하나님이 보내시는 곳으로, 그분의 뜻대로 보냄을 받는 것이다. 고성능 모터보트를 타고 쫓겨가는 것이 아니다. 나는 내몰리는 것이 아니라 인도함을 받는다. 나는 양이지, 소나 염소가 아니다.

> 무릇 하나님의 영으로 인도함을 받는 사람은 곧 하나님의 아들이라
> (롬 8:14)

이 말씀에 따르면 성령께서 나를 인도하시고, 하나님의 아들이 되게 하신다. 하나님의 영으로 인도함을 받는 자들은 하나님의 아들들이다. 그러나 육신에 굴복하는 자들은 하나님을 기쁘시게 할 수 없다(롬 8:8 참고). 육신은 성령의 적이다. 우리가 도둑맞거나 받지 못하는 이유는 육신이 방해하기 때문이다. 육신, 곧 우리의 육직인 본성으로는 하나님을 기쁘시게 할 수 없기 때문에 성령의 영역, 차원에 들어가지 못하고 있는 것이다.

많은 그리스도인들이 육신의 본성이 사라졌다고 말한다. 정말 그런가? 그렇다면 왜 작은 일에도 분노하고 화를 내는가? 우리는 성령님께 순복해야 한다. 이것이 그리스도인의 기본이 되어야 하는데, 실제로는 그렇지 않다. 생명과 경건을 위해 필요한 모든 것이 이미 우리에게 제공되었는데도 말이다.

실패할 수 없다!

예수님께서 나를 다시 이 땅으로 보내실 때, 솔직히 나는 오고 싶지 않았다. 주님은 나를 보시며 이렇게 말씀하셨다. "만약 네가 가서 이렇게 하면 실패하지 않을 것이다. 너는 실패할 수 없다." 도무지 이해가 되지 않았던 나는 주님이 다시 한 번 말씀해 주시기를 바랐다. 주님은 마가복음 9장 23절을 인용하셨다. "믿는 자에게는 능히 하지 못할 일이 없느니라."

예수님은 다음과 같이 말씀하셨다. "여기 천국에는 너를 제한하는 사람이 아무도 없다. 천국에서는 모두가 너를 사랑하고 믿는다. 아무도 너를 의심하지 않는다. 네가 마땅히 해야 할 일을 할 수 없을 거라고 말한 자가 누구냐? 하나님도 그렇게 말씀하지 않으신다. 그분은 너를 제한하지 않으신다." 주님은 내가 돌아가면 결코 실패하지 않을 것이라고 분명하게 말씀하셨다.

지금껏 아무도 내가 실패할 수 없다고 말해 주지 않았다. 나는 육신이 우리를 제한한다는 사실을 깨달았다. 우리가 어떤 시선으로 상황을 받아들이고 파악하는지가 우리가 살아가는 방식이다. 그러므로 우리는 진리를 단단히 붙들어야 한다.

천국에서 예수님과 함께 있을 때, 주님은 내가 어떻게 어머니의 태에서 형성되었는지 말씀해 주셨다. 또한 내가 태어나기도 전에 나에 관한 책을 쓰셨다고 하셨다. 나에 대한 모든 것이 이미 천국에 기록되어 있었다.

내가 예수님의 눈을 들여다보고 있는 동안 주님께서 나를 그분의 눈동자 속으로 걸어 들어가게 해주셨다. 나는 그분 안으로 들어갔다. 그리고 예수님이 나를 어떻게 생각하시는지, 내가 어떻게 어머니의 태에서 만들어졌는지 보았다. 그것은 우연의 산물이 아니었다.

> 주님은 나의 길을 예비하기 위해 나의 미래로 가셨고, 과거의 해로움으로부터 나를 보호하시려고 친절하게 나의 뒤를 따라오셨습니다. 주님의 사랑의 손으로 내 삶에 축복하고 안수하셨습니다. 이것은 아주 경이롭고, 깊고, 불가해한 일입니다. 주님께서 나를 아신다는 사실이 내게 경이로움과 힘을 줍니다. (시 139:5-6, TPT)

Receiving from Heaven

> 우리는 더 이상 초자연적 사건을 추구하지 않을 것이다.
> 대신 변화를 구할 것이다.
> 우리는 살아 계신 하나님의 아들과 딸로 변화되기 원한다.

예수님은 우리를 위해 이 놀라운 구원을 이루시고, 우리가 태어나기도 전에 우리에 대한 책을 쓰셨다. 주님은 시편 139편의 말씀대로 내가 실패할 수 없다는 것과 그분이 나보다 앞서 가신다는 것을 말씀해 주셨다. 예수님께서 이미 나를 위해 길을 닦아 놓으셨고, 나와 함께하실 것이다.

수술실에서 주님을 만난 지 26년이 지나서야 이 책을 쓴다. 주님은

23년 동안 그것에 관해 이야기하는 것을 금하셨다. 나는 천국을 방문한 지 23년이 지나서 그에 대한 책을 썼고, 근무하던 항공사에서 은퇴했다. 그 후로 나는 잠시도 멈추지 않았다.

내가 여기서 우리가 해야 할 일이 무엇인지 말하는 이유는, 하나님께서 움직이기 시작하셨기 때문이다. 그 거대하고 강력한 움직임은 멈추지 않을 것이다. 그것은 하나님의 모든 역사의 정점이지만, 영웅들만 참여하는 일은 아니다.

예수님은 2020년이 완벽한 비전의 해라고 말씀하시며 교회가 힘을 얻고, 주님의 비전을 되찾고 있다고 하셨다. 하나님의 사람들은 이전에 가져 보지 못한 분별력을 갖게 될 것이다. 우리는 사람들에게 이렇게 말할 것이다. "그건 옳지 않습니다." 또한 방언으로 기도하면서 이렇게 선포할 것이다. "저에게 손대지 마세요. 저에게 안수받지 않으셔도 됩니다. 스스로 안수하세요." 더 이상 아무것도 참고 견디지 않게 될 것이다.

우리는 더 이상 초자연적 사건을 추구하지 않을 것이다. 대신 변화를 구할 것이다. 우리는 살아 계신 하나님의 아들과 딸로 변화되기 원한다. 지금 우리를 돕고 있는 천사들은 남은 인생 동안 우리를 위해 일할 것이다. 천사들이 우리에게 배정되어 그리스도와 함께 다스리는 천년 동안 우리가 무엇을 말하든지 그대로 행할 것이다(계 20:4-6 참고). 더 이상 기다릴 것이 없다. 부름 받은 일을 할 자격을 얻어 이 땅에서 그 일을 하라. 우리에게 파견된 천사들은 그 일을 마무리하기 위해 있다.

나는 이제 영적 돌파를 경험하고 난 다음 새로운 돌파를 위해 또 다른 초자연적 사건을 기다리지 않는다. 나는 더 이상 초자연적 사건의 연속성 속에 살아가지 않는다. 어디를 가든지, 우리가 바로 초자연적 사건이다. 사건을 만들어 내라는 말이 아니다. 그것은 우리를 위한 하나님의 계획이 아니다.

나는 서른한 살에 수술대 위에서 죽었다. 그날 예수님은 나를 천국으로 데리고 가셔서 그곳이 어떻게 운행되는지 보여 주셨다. 나는 잠시 그곳에 머무르면서 엘리야도 만나고, 도성에도 들어가고, 보좌 앞에도 가보고 싶었다. 그러나 예수님은 내게 이 땅에서 어떻게 마귀와 싸워 승리할 수 있는지 말씀하셨다.

예수님은 내게 말할 기회도 주지 않으시고 몇 가지 주제를 다루셨다. 나는 주님께서 나를 돌려보낼 준비를 하고 계시다는 것을 깨달았다. 예수님은 내가 묻고 싶었던 것들, 이를테면 언약궤가 어디에 있고, UFO나 공룡은 어떻게 된 것인지 등에 대해서는 전혀 언급하지 않으셨다.

주님은 모든 것이 우리에게 유리하게 되어 있다고 말씀하고 계신다. 나는 살아 돌아와서 주님이 나와 함께하신다는 것과 나에게 주시는 말씀을 전해야 한다고 말씀하신 것이 기억났다. 천국 방문을 통해 정작 내가 아는 것이 전혀 없다는 사실을 깨달았기 때문에 내 방 벽에 걸려 있던 학위들을 다 치워 버렸다. 3년 전, 천국 경험에 대해 말하기 시작하면서부터 세상이 열리고 기적이 일어나기 시작하더니 지금도 계속 되고 있다. 우리는 이제 시작했을 뿐이다.

우리는 우리 안에 있는 것을 받아 누려야 한다. 그것은 우리에게 유리하게 되어 있기 때문에 그보다 더 좋을 수는 없다. 하나님은 "자, 이것이 네가 해야 할 일이고, 이것이 너의 정체성이다"라고 말씀하신다. 그것은 이미 하늘에 기록되어 있다. 생명과 경건을 위해 필요한 모든 것이 거기에 다 있다. 그러므로 자리에 앉아 다음 단계가 무엇인지 주님께 여쭤보라. 그것은 바로 그리스도께서 우리를 위해 붙잡으신 것을 붙잡아야 한다는 것이다. 이것은 바울이 빌립보 사람들에게 한 말이다.

> 내가 이미 얻었다 함도 아니요 온전히 이루었다 함도 아니라 오직 내가 그리스도 예수께 잡힌 바 된 그것을 잡으려고 달려가노라 (빌 3:12)

나는 바울이 어떻게 그리스도께 이르러 그분을 단단히 붙잡았는지 읽었다. 그것은 마치 바울이 예수님의 발목을 움켜잡고, 나는 바울을 붙잡은 것과 같다. 바울이 나를 위해 붙잡은 것을 내가 붙잡고 있는 것이다. 예수님은 하나님 아버지를 붙잡으셨고, 나는 그분을 붙잡아 하나님이 내 아버지가 되셨다.

성령께서는 기록된 모든 진리를 가져다가 우리 것으로 만들기 원하시는데, 그것이 바로 성령의 나타남이 된다. 그러나 그것은 어떤 경험이 아니라 변화다. 이 말은 우리가 완전히 변하여 이전과 같지 않다는 뜻이다. 그렇게 되면 우리는 옳은 일을 쉽게 할 수 있다. 아직 그런 수준이 아니라 해도 이해한다. 어쨌든 우리는 배우게 될 것이다.

분명 우리가 하지 않는 것들이 있지만, 한계는 우리 몸과 마음에 근거하며, 우리가 살고 있는 이 땅의 영역에 속한 것이다. 그러나 하나님의 영 안에서는 제한이 없다. 즉, 성령께서 우리를 제한하신 적이 없다는 말이다. 성령께서는 한 번도 패배를 생각해 보신 적이 없다는 사실을 아는가? 그분은 패배를 모르신다.

성령님은 이미 우리 안에 계신다. 그래서 어려움에 처한 사람들을 볼 때마다 그들의 필요를 채워 주고, 그들을 위해 기도하여 치유받는 모습을 보고 싶어진다. 그런데 그들이 치유되지 않거나, 공급을 위해 기도했는데 이뤄지지 않으면 크게 낙담한다. 그 이유는 내면에 있다.

우리의 속사람은 하나님의 형상대로 지어졌고, 거듭났으며, 그리스도 안에서 새로운 피조물이다. "이전 것은 지나갔으니 보라 새 것이 되었도다"(고후 5:17). 생명과 경건을 위해 필요한 모든 것이 우리 안에 있다. 한계는 이 땅의 영역에 해당되는 것이다. 바울은 "내가 너에게 가기를 바랐으나, 사탄이 나를 막았다"고 말한다.

> 그러므로 나 바울은 한번 두번 너희에게 가고자 하였으나 사탄이 우리를 막았도다 (살전 2:18)

예수님은 "선지자가 자기 고향에서는 존중을 받지 못한다"고 하셨다(마 13:57 참고). 심지어 주님은 고향에서 가벼운 감기조차 치유하실 수 없었는데, 사람들이 그분이 누구신지 알아보지 못했기 때문이다. 하나님의 아들은 불신 때문에 제한받으셨다. 내가 살아 돌아온 목적은 사람들의 불신을 깨뜨려 모두가 예수님을 깨닫고 살아가게 하기 위해서다. 모두에게 예수님이 필요하다.

내가 예수님을 바라보았을 때, 아무도 그분을 거부하지 못하리라는 것을 알았다. 누군가 예수님을 미워한다는 것은 도저히 상상할 수 없었다. 주님은 우리를 생각하셨고, 어머니의 태에 있던 우리에게 생기를 불어 넣으셨으며, 우리에 관한 책을 쓰셨다. 우리에게 필요한 모든 것이 우리 안에 있다.

> 이 결과로, 값을 매길 수 없는 찬란한 약속을 우리에게 주셨다. 그래서 이런 엄청난 약속의 힘으로 너희가 세상의 부패한 욕망을 벗어나 신성한 성품에 참여하는 경험을 할 수 있다. (벧후 1:4, TPT)

이 구절을 묵상해야 하는 이유는, 이것이 바로 우리의 세계이기 때문이다. 사람들을 돕기 위해 보냄을 받으면서 실패할 것이라고 생각하는 천사는 없다. 천사들은 구원을 상속받을 사람들을 돕기 위해 이 땅에 존재한다(히 1:14 참고). 우리를 돕는 천사들은 자신들이 실패할 것이라고 생각하지 않는다.

우리 안에 계시는 성령님은 단 한 번도 실패를 생각해 보신 적이 없다. 천국에서 우리에 관한 책을 쓰신 하나님 아버지는 절대로 우리가 실패할 것이라고 생각하지 않으신다. 모든 것이 우리에게 유리하게 흘러가고 있다. 우리는 사실이 아니라 진리로 판단해야 한다.

Receiving from Heaven

*우리를 돕는 천사들은 자신들이 실패할 것이라고 생각하지 않는다.
우리 안에 계시는 성령님은 단 한 번도 실패를 생각해 보신 적이 없다.*

우리에게 어려움이 없을 것이라는 말이 아니다. 그러나 마귀가 불쑥 나타날 때마다 나는 그 상황을 즐긴다. 대학교 2학년 때, 나는 다니던 대학의 경비를 맡아 한밤중부터 아침 7시까지 근무했다. 당시 혼자 무장한 채 근무했는데, 누구든지 밤에 학교로 들어가려면 반드시 나의 허락을 받아야 했다. 그렇게 하지 않으면 불법 침입이었고, 그 사람은 돌려보내거나 아니면 체포되었다.

어느 날 밤, 전화를 받고 밖으로 나가자, 귀신에 사로잡힌 채 술에 잔뜩 취한 사람이 있었다. 나는 그를 붙잡아 사무실로 데려온 뒤 경찰에 전화를 걸어 그를 데려가게 했다. 나는 자리에 앉아 그를 응시하며 방언으로 기도하면서 경찰이 오기를 기다렸다. 그러자 그 사람이 "그러지 마요"라고 말했다. 나는 물었다. "뭘 하지 말라는 거죠?" 그는 내 방언을 지목했다. "그거요." 그때 영적인 온도가 달아오르기 시작했는데, 내가 이미 임재 가운데 있었기 때문이다. 하나님 나라가 확장되면서 그 방의 영적인 온도가 올라가고 있었다.

내가 기도하는 동안, 그 남자는 입술도 움직이지 않고 적어도 15개 이상의 목소리로 말하기 시작했다. 나는 기숙사에 있는 친구에게 전화했다. "여기로 내려와 봐. 굉장한 일이 일어나고 있어." 친구가 도착하자마자, 나는 그에게 예수님의 보혈에 대해 설교하라고 하였다. 친구가 성경을 꺼내어 그 남자에게 예수님의 보혈에 대해 설교하자, 마귀들이 비명을 지르며 그에게서 떠나가기 시작했다. 당시 나는 누구에게 전화해야 할지 알았다. 그 친구는 주저하지 않고 바로 설교할 수 있었기 때문이다. 그는 지금 목사가 되었다.

하나님의 영은 우리와 우리가 있는 공간, 그리고 그곳에 있는 사람들을 침노할 수 있기 때문에 영적인 영역 안에서 온도가 점점 달아오르게 된다. 그와 함께 초자연적 현상이 나타나는데, 그것은 우리가 구하는 어떤 존재가 아니라 우리 자신의 실재이다. 베드로가 말했듯이, 우리는 신성한 성품에 참여하는 자이다(벧후 1:4 참고). 어떻게 그보다 더 강력한 힘을 얻을 수 있겠는가?

왜 마귀들이 드러나게 되는 것일까? 우리가 속한 영역이 그들의 영역과 정반대 편에 있어서 충돌이 일어났기 때문이다. 우리는 복을 전달하는 자들이다. 믿음으로 이 복을 받아야 한다. 그러나 우리의 믿음은 하나님과 우리의 관계에 기초한다. 우리는 내면에 계신 분, 즉 우리 안에 계신 영광의 소망이신 그리스도께 순복해야 한다(골 1:27 참고).

이런 성품이 이미 너희 내면 깊이 심겨진 이래로 그것들을 풍성히 공급받아 소유하고 있다. 예수 그리스도를 더 친밀하게 알고자 추구하는 동안 열매가 없고 침체되지 않도록 너희를 지켜 줄 것이다. 그러나 만약 이런 것들이 부족한 사람이 있다면, 그는 맹인이라 우리 믿음의 신비에 계속 눈감으며, 자신의 과거 죄가 씻겨 나가 무죄해졌음을 잊어버리는 사람이다. 사랑하는 자들아, 이런 이유로 하나님께서 너희를 구원으로 초대하셨고 너희를 그분의 소유로 주장하셨다는 사실이 확증되고 인정되기를 간절히 바라라. 이렇게 하면 결코 걸려 넘어지지 않으리라. 그 결과로 그 왕국의 문이 너희에게 활짝 열릴 것이다. 하나님께서는 우리가 우리 구주, 메시아이신 예수님의 영원

한 왕국으로 승리의 입성을 하도록 역사하신다. (벧후 1:8-11, TPT)

베드로는 이런 것들이 부족한 자는 맹인이라고 말한다. 오늘날 목회자가 우리에게 이런 말을 하는 것을 상상할 수 있는가? 사람들은 자신들이 원하는 것은 무엇이든 다 할 수 있다고 생각한다. 이 극단적인 은혜의 시대가 그렇게 만들었다. 그러나 결코 그럴 수 없다. 베드로는 "아니다. 너희가 침체되어 있다면 맹인이다. 너희가 하는 일에 대한 믿음을 나에게 보여 주고 증명해 보라"고 말한다.

너희 중에 누가 아들이 떡을 달라 하는데 돌을 주며 생선을 달라 하는데 뱀을 줄 사람이 있겠느냐 (마 7:9-10)

예수님은 이 구절에서 하늘 아버지를 이 땅의 아버지에 빗대어 설명하신다. 이 땅의 아버지는 우리가 빵을 달라고 하는데 뱀을 주지 않는다. 하늘 아버지도 마찬가지이다. 이것이 예수님이 말씀하시는 핵심이다. 종교적인 사람들은 우리에게 어떤 것이 신앙적이고, 어떤 것이 신앙적이지 않다고 말하는데, 나는 그런 사람들한테 지쳤다. 그들은 심지어 하나님의 말씀으로 말하지도 않는다.

예수님은 아버지를 계시하기 위해 오셨다(마 11:27 참고). 예수님은 오직 하늘 아버지께서 하신 말씀만 하셨고, 오직 하늘 아버지께서 하신 것만 하셨다. 주님은 성령님을 보내셨고, 진리의 영이 오시면 스스로 말하지 않을 것이라고 하셨다(요 16:13 참고). 성령님은 오직 아버지께서 말씀하라고 하신 것만 말씀하신다. 하나님의 영은 우리에게 아버지께서 말씀하시는 것을 말씀하시는데, 그것을 사역이라 부른다.

Receiving from Heaven

하나님과의 관계가 곧 사역이다.

우리가 하나님과 맺는 관계와 우리가 하는 사역 사이에 차이점은 없다. 게다가 그것은 직업이 아니다. 예수님의 사역은 하늘 아버지의 뜻을 행하는 것이었고, 거기에 표적이 있었다. 예수님은 표적을 추구하지 않으셨다. 그저 그분이 어떤 분이시며, 아버지가 어떤 분이신가가 전부였다.

우리에게 공급해 주시는 하나님

우리 가운데서 역사하시는 능력대로 우리가 구하거나 생각하는 모든 것에 더 넘치도록 능히 하실 이에게 교회 안에서와 그리스도 예수 안에서 영광이 대대로 영원무궁하기를 원하노라 아멘 (엡 3:20-21)

우리가 무엇을 구하거나 생각하든지, 하나님은 그 이상의 것을 하실 수 있다. 천국으로부터 받아 누리는 자가 되려면, 하나님이 우리에게 공급하시는 분임을 알아야 한다. 주님은 우리가 구하거나 생각하는 것이상으로 넘치도록 풍성하게 주실 수 있다. 어떻게 그렇게 하실까? 우리 안에서 역사하시는 하나님의 권능에 따라 그렇게 하신다. 그것이 이미 우리 안에 있기 때문에 일부러 어딘가로 가야 할 필요가 없다. 우리는 이것을 붙잡고 마귀를 제압해야 한다.

하나님께 드리라

우리의 몸을 산 제물로 드려야 한다. 죽은 것이 아니라 살아 있는 제물로, 거룩하고 기뻐 받으실 만한 것으로 주님께 드리는 것이 바로 우리가 드려야 하는 예배다(롬 12:1 참고). 우리가 죄에서 벗어나거나 제물을 드릴 때, 우리에게서 향기가 난다. 죄에서 벗어나서 스스로 정당화하지 않기로 결단할 때, 할 말이 많지만 아무 말도 하지 않을 때, 내뿜는 향기가 있다.

우리에게 잘못한 사람들을 용서할 때, 그들을 그 상황에서 풀어 주는 것이다. 하나님과 마주하여 해결하면서 우리를 상대하는 것이 더 나았을 것이라고 생각하는 사람도 있을 것이다. 용서하는 것이 우리에게 더 나은 이유는, 용서할 때 우리가 자유를 얻게 되고, 상대와 함께 그 문제도 하나님께 넘겨 드리는 것이기 때문이다. 그러면 문제가 상위 법정으로 올라가게 되어 더 이상 우리의 것이 아니기에 신경 쓸 필요가 없다.

예수님은 자신을 제물로 바치면서 이렇게 말씀하셨다. "아버지여 저들을 사하여 주옵소서 자기들이 하는 것을 알지 못함이니이다"(눅 23:34). 예수님은 그것을 하나님 아버지께 맡기고 돌아가셨다. 그리고 그분은 다시 살아나셨다. 불가능한 상황 속에서 모든 것이 끝나고, 실패한 것처럼 보이는 바로 그때, 우리는 이렇게 말할 수 있다. "나는 다시 일어설 거야." 그리고 실제로 그렇게 될 것이다.

나는 방언으로 기도할 때마다 마귀가 떠난다는 것을 알게 되었다. 또한 빚을 갚을 능력이 없는 사람들에게 베풀수록 어떻게 해야 할지 모를 정도로 많이 돌려받게 된다는 것도 알게 되었다. 십일조를 할 때면 쌓아 둘 곳이 없을 정도로 받게 된다는 사실도 깨달았다 … 주님은 우리를 막지 않으신다. 그러므로 우리는 잘 받을 수 있는 위치로 나아가야 한다.

Chapter 3

권세로 행하기

영접하는 자 곧 그 이름을 믿는 자들에게는 하나님의 자녀가 되는 권세를 주셨으니 이는 혈통으로나 육정으로나 사람의 뜻으로 나지 아니하고 오직 하나님께로부터 난 자들이니라 (요 1:12-13)

Chapter 3
Receiving from Heaven

영접하는 자 곧 그 이름을 믿는 자들에게는 하나님의 자녀가 되는 권세를 주셨으니 이는 혈통으로나 육정으로나 사람의 뜻으로 나지 아니하고 오직 하나님께로부터 난 자들이니라 (요 1:12-13)

이 구절에서 권세는 '능력' power 을 의미한다. 주님은 하나님의 자녀가 되는 능력을 우리에게 주셨다. 능력이라는 말에 사용되는 헬라어는 두 가지가 있는데, 하나는 두나미스 dunamis 이고 하나는 엑수시아 exousia 이며 둘 다 '능력'으로 번역된다. 두나미스는 능력이나 무력이 드러나는 것과 관련이 있다. 권세를 가진 사람은 무력을 휘두를 필요가 없다. 그 사람에게 권세가 있기 때문에 그저 "네, 뭐든 시키시는 대로 하겠습니다"라고 대답할 수밖에 없다. 불순종에는 결과가 뒤따른다.

여기 요한복음에서는 엑수시아가 사용되었다. "믿는 자들에게는 하나님의 자녀가 되는 권세를 주셨으니." 마귀는 우리의 권세를 알고 있다. 동시에 그들은 우리가 그 사실을 아는지, 모르는지도 알고 있다.

예수님은 하나님의 아들이시기 때문에 자신을 변호하실 필요가 없었다. 마귀도 그것을 알고 있었다. 예수님은 제자들을 향해 숨을 내쉬며 "성령을 받으라"(요 20:22)고 말씀하셨다. 또한 그들에게 마귀를 쫓아내고 병든 자를 치유할 권세를 주겠다고 말씀하셨다(막 16:17-18 참고).

예수님이 70인을 보내셨을 때, 그들은 실제로 일어난 결과들로 인해 놀라서 돌아왔다. 그리고 예수님께 "귀신들도 우리에게 항복하더이다!"(눅 10:17)라고 하였다. 그들의 믿음이 온전하지 않아서 방해하는 세력들이 역사하긴 했지만, 어쨌든 기적이 일어났다. 그들에게 권세가 주어졌기 때문이다. 우리가 주님의 말씀을 전하기만 해도 하나님은 얼마든지 자신을 드러내실 수 있다.

백부장은 "주여, 내 집에 들어오실 필요가 없으십니다. 말씀만 하소서. 저는 권세 아래에 있으면서 동시에 권세 있는 사람이라 권세를 압니다"(마 8:8-10 참고)라고 말함으로써 큰 믿음을 가지고 있다고 칭찬받았다. 하나님의 자녀가 되는 권세는 매우 중요하다. 그것은 우리가 무력으로 할 수 있는 것보다, 심지어 성령의 은사들보다 훨씬 더 크다. 우리 인생의 마지막에는 성령의 은사들을 반납해야 할 것이다. 은사들을 사용한 것에 대해서는 어떤 공적도 우리에게 돌아오지 못한다. 왜냐하면 그것은 우리가 아니라 우리 안에 계신 성령께서 하신 일이기 때문이다.

초자연적 사건을 구하지 말라. 대신 우리가 초자연적 사건이 되어야 한다. 성령이 우리 안에서, 우리 위에서, 우리를 통해 자유롭게 통치하셔야 한다. 그럴 때 권세가 나온다. 마귀가 우리 눈을 볼 때, 우리가 그리스도 안에 있는 권세를 깨닫고 있는지 아닌지를 안다. 우리가 마귀의 눈을 똑바로 쳐다보며 "네가 감히 나를 넘볼 수 있을 것 같아? 어디 한 번 덤벼 봐"라고 말할 때, 그는 다시 생각해 볼 것이다. 나는 그렇게 한다. 그러면 그는 덤비지 못한다. 예수님이 거기 계셔서 나를 불꽃처럼 환하게 밝히시는 것을 마귀도 보기 때문이다. 우리가 예수 그리스도 안에서 누구인지 깨달으면, 마귀들도 그 사실을 알게 될 것이다.

오직 각 사람이 시험을 받는 것은 자기 욕심에 끌려 미혹됨이니 욕심이 잉태한즉 죄를 낳고 죄가 장성한즉 사망을 낳느니라 (약 1:14-15)

마귀는 어떻게 해서든지 우리를 자신의 영역으로 끌어들이려 한다. 그것이 그가 우리를 이길 수 있는 유일한 방법이기 때문이다. 사탄은 우리의 영역에서는 이길 수 없기 때문에 우리를 유혹해서 끌어내려고 애쓴다. 야고보는 "자기 욕심에 끌려 미혹된다"고 말한다.

모든 피조물은 하나님의 아들들이 나타나기까지 신음하고 있다. 그들이 우리와 함께 타락했기 때문이다. 이것은 그들의 선택이 아니었다. 타락한 세상은 망가져 버렸지만, 우리가 먼저 성령 안에서 기능하는 법을 배우면 세상을 움직일 수 있다. 우리는 하나님과 그의 사랑을 나타내는 자들이 되어야 한다. 하나님께서 우리에게 주님의 자녀가 되는 권세를 주셨으므로, 그것을 받아 그 안에서 살아가야 한다.

성령의 불로 구별됨

그러므로 너희는 그들 중에서 나와서 따로 있고 부정한 것을 만지지 말라 (고후 6:17)

나는 거룩함에 관한 문제들을 해결하고 싶었다. 전에는 거룩함이 행위라고 생각했다. 사실 어떻게 거룩해지고 구별될 수 있는지에 대해 제대로 이해하지 못했다. 내가 거룩한 사람들에게 영향을 줄 수는 없지만, 그들이 나에게 영향을 미칠 수는 있다. 나는 금식하고 기도하며 이 문제를 해결해 달라고 주님께 간절히 구했다. 그러던 중 다음과 같은 사실을 깨달았다. 거룩함이란, 하나님께서 우리를 특별한 소유로 삼으셔서 사람들 가운데서 구별되게 하시는 것이다.

우리는 주님의 목적을 위해 구별되어, 값을 주고 사신 그분의 소유이다. 하나님께서 이스라엘에게 자신의 이름을 두셨을 때도 똑같이 하셨다(대하 6:6 참고). 이스라엘이 모든 것을 엉망으로 만들어 버리자, 하나님은 그들에게 천사를 보내어 말씀하셨다. 천사가 그들의 죄를 용납하지 않을 것이니 그를 화나게 하지 말라고 말이다. 신약 성경은 우리에게 불신앙 때문에 광야에서 죽은 이스라엘 백성과 같이 되지 말라고 경고한다(히 3:16-19 참고).

> 너는 여호와 네 하나님의 성민이라 네 하나님 여호와께서 지상 만민 중에서 너를 자기 기업의 백성으로 택하셨나니 (신 7:6)

하나님은 우리를 구별하셔서 자신의 소유로 삼기 원하신다. 거룩함이나 거룩한 불은 분리되는 것과 관계가 있다. 우리는 하나님께 속한 거룩한 나라다. 우리가 그분의 영광을 드러내면, 이 땅의 사람들이 우리를 본다(사 55:5 참고). 성경은 "세계가 다 내게 속하였나니 너희가 내 말을 잘 듣고 내 언약을 지키면 너희는 모든 민족 중에서 내 소유가 되겠고"(출 19:5)라고 말한다. "네가 많은 민족에게 꾸어줄지라도 너는 꾸지 아니할 것이요"(신 28:12). "이것이 내가 너희와 맺는 언약이니 너희가 나의 백성이고 내가 너희의 하나님 됨을 만민이 알 것이다." 언약이 세워진 결과, 하나님께서는 그분의 백성을 통해 자신을 드러내실 수 있었다.

신약 성경에서 우리는 더 나은 약속들로 더 좋은 언약을 맺는다. 하나님이 우리를 값 주고 사셨기에 이제 우리는 그분의 소유이다. 우리가 거듭나면 영 안에서 전쟁이 시작되는데, 이것 때문에 우리가 온전히 하나님의 소유가 되지 못하는 것이다.

사탄은 우리와 전쟁을 벌이고 있다. 그는 우리를 자신의 링 안으로 데려가서 패배시키기 위해 애쓴다. 우리가 "아니, 네가 여기로 와"라고 하면, 그는 오지 않을 것이다. 사탄은 자신이 누구인지 아는 그리스도인에게는 어떻게 대해야 할지 모른다. 그에겐 뾰족한 대안이 없기 때문이다. 우리에게 주어진 권세는 소유권에 근거하며, 그 소유권은 언약에 근거한다.

얼마 전에 아내와 나는 한밤중에 비명 소리를 듣고 잠에서 깼다. 집에는 우리 둘만 있었기 때문에 그 소리가 어디서 났는지 확인하기 위해 집 안을 뒤졌다. 그런데 아무리 찾아도 소리의 근원을 알 수 없었다. 나는 주님께 무슨 일인지 여쭤 봤다. 주님은 직접 들을 수 있는 소리로 말씀해 주셨다. "네가 깨어났다는 걸 알아차린 마귀가 비명을 지른 것이다. 네가 잠에서 깨어날 때, 영계에 파장이 일어나서 마귀들이 그 사실을 알게 된다."

나는 내가 사탄의 적이 되었다는 것을 깨달았다. 내가 진리를 알고 있다는 사실 때문에 적에게 치명적 위협이 되어 있었다. 내가 사람들에게 진리를 말할 때, 그 진리는 적을 완전히 무장 해제시켜 버린다. 그래서 적들은 늘 하던 대로 사람들을 공격할 수 없게 된다.

우리가 잠에서 깨거나 방언으로 기도할 때마다 사탄에게 통보가 간다는 사실을 알게 되자 새로운 것을 깨닫게 되었다. 사탄은 우리가 초자연적인 관계 속에서 하나님과 함께 일을 하거나 동행하는 것을 안다. 우리가 성령님께 순복할 때도 그것이 영계에 반향을 불러일으키고, 사탄도 그것을 안다. 마귀들은 하나님의 아들과 딸들이 이 땅에서 분별력과 권세로 행하고 있다는 사실을 안다. 그리고 이에 대해 자신들이 아무것도 할 수 없다는 사실도 안다.

마귀들이 더 이상 우리에게 다가갈 수 없다는 것을 알게 될 때, 우리 삶에서 약한 고리를 찾기 시작한다. 특히 사람을 통해 우리에게 접근하려고 하는데, 항상 더 약한 사람을 찾아 영향을 미치려 한다. 그런데 성도들이 좋은 가르침을 듣고 점점 더 많은 사람들이 복음의 좋은 소식을 들어 진리를 붙들면, 그 영향력이 점점 더 커진다. 우리가 미처 알아차리기도 전에 에베소서 4장의 원리에 따라 그리스도의 몸이 세워지고 연합된다. 그렇게 되면 우리는 믿음의 연합을 보기 시작하고, 원수는 우리의 경계를 뚫을 수 없게 된다.

마귀에게는 차선책이 없다. 그러므로 우리도 대안이나 차선책이 없는 단계에 이르러야 한다. 그러면 상황이 우리에게 유리해진다. 우리는 모든 것을 버리고 거룩해야 하며, 구별되고, 하나님의 제단에서 나오는 거룩한 불에 타올라야 한다. 천국으로부터 받아 누리고자 한다면, 바로 이렇게 살아야 한다. 그러면 우리에게서 이 불이 타오르기 시작한다. "그는 그의 천사들을 바람으로, 그의 사역자들을 불꽃으로 삼으시느니라 하셨으되"(히 1:7). 그러면 우리의 정체성 때문에 다른 차원이 나타나기 시작한다. 우리는 값을 주고 산 존재이기 때문에 그것에 순복한다.

> 너희 몸은 너희가 하나님께로부터 받은 바 너희 가운데 계신 성령의 전인 줄을 알지 못하느냐 너희는 너희 자신의 것이 아니라 값으로 산 것이 되었으니 그런즉 너희 몸으로 하나님께 영광을 돌리라 (고전 6:19-20)

우리의 몸과 삶은 이제 우리 것이 아니다. 바울은 마치 자기 안에 계신 그리스도께서 매일 자신의 몸으로 사시는 것 같다고 말했다. 예수님은 바울을 통해 살아가고 계셨고, 바울은 하나님을 표현하게 되었다. 바울은 그것을 깨달았다.

만일 우리가 실패할 수 없다면 어떻게 되겠는가? 죽는 것이 영적 승진이라면 어떻게 되겠는가? 그것은 사실이다. 그러므로 우리가 그것을 깨달을 때 살아가는 법을 배우게 된다.

Receiving from Heaven

우리의 몸과 삶은 더 이상 우리 것이 아니다.

> 말씀이 육신이 되어 우리 가운데 거하시매 우리가 그의 영광을 보니 아버지의 독생자의 영광이요 은혜와 진리가 충만하더라 (요 1:14)

삼위일체, 즉 성부와 성자와 성령께서는 땅이 생기기 전부터 존재하셨다. 예수님은 이미 존재하셨지만, 육신을 입으시고 우리 가운데 거하셨다. 마귀가 예수님을 하나님의 아들로 알아볼 때마다 주님은 마귀에게 조용히 하라고 명령하셨다. 자신이 인자 Son of Man 로 알려지기 원하셨기 때문이다.

예수님의 사역은 사람을 구원하시는 것이었기 때문에 모든 일을 하나님의 아들로서가 아닌, 육신을 입은 인자로서 하셨다. 그래서 주님은 이렇게 말씀하실 수 있었다. "나를 믿는 자는 내가 하는 일을 그도 할 것이요 또한 그보다 큰 일도 하리니"(요 14:12). 예수님은 사역을 인자의 범주 안에서 하셨다.

사탄이 광야에서 예수님을 시험할 때, 그분을 인자의 범주에서 벗어나게 하려고 노력하였다. 그는 "네가 만일 하나님의 아들이어든 명하여 이 돌들로 떡덩이가 되게 하라"(마 4:3)고 하였다. 원수는 예수님이 사명을 벗어나 움직이시도록 시험했다.

예수님은 즉시 하나님의 말씀으로 사탄에게 맞서셨다. 사탄이 그분에게서 자격을 박탈하려고 한다는 것을 아셨기 때문에 성전 꼭대기에서 뛰어내리지도 않으셨다. 예수님은 우리를 구원하러 오셨다. 그가 하나님의 아들이시기 때문이다. 또한 주님은 우리에게 이 땅에서 어떻게 살아야 하는지를 보여 주기 위해서 오셨다. 마귀가 그분이 누구신지를 밝히려 했지만, 예수님은 그것을 막으셨다. 사람들이 그분을 볼 때 육체를 통해 하나님 아버지를 드러내시는 분으로, 따라야 할 본보기로 보기 원하셨기 때문이다.

나는 매일 마귀를 제압한다. 잠에서 깨어난 순간부터 방언 기도를 하고, 제단의 불을 구하기 시작한다. 그리고 천사들에게 요청한 후 주님께 이렇게 기도한다. "주님, 그 책에 뭐라고 쓰여 있든 그렇게 하십시오. 주님의 책에 쓰여진 내용에 동의합니다. 오늘 주님의 뜻을 행하겠습니다." 그렇게 함으로 나는 하나님의 영으로 인도함을 받는다. 조종당하는 것이 아니라 하나님의 영으로 인도함을 받는 것이다.

무언가를 말하려고 할 때마다, 나는 성령님께 순복할 것인지 아니면 나 자신에게 순복할 것인지 선택해야 한다. 내가 성령의 감동으로 말한다면, 사람들이 영원히 변화될 것이다. 우리는 이 세상에서 우리에게 주어진 권세를 확고히 해야 한다.

최근에 푸에르토리코에 갔을 때, 하나님은 내게 허리케인에 어떻게 대처해야 하는지와 번영하는 방법에 대해 사람들에게 가르치라고 하셨다. 나는 강력한 폭풍이 지나갈 때 놀라지 않았다. 그것이 더 이상 우연이 아니라 영적 전쟁이라는 사실을 알았기 때문이다.

예수님은 어떻게 하셨는가? 주님은 권세로 폭풍과 죽음을 다스리셨다. 동시에 예수님은 "믿는 자는 내 이름으로 이런 일들을 할 것이다"(막 16:17-18 참고)라고 말씀하셨다. 제자들이 죽은 자를 일으키고, 병든 자를 치유하고, 마귀를 내쫓을 것이라고 말씀하셨다. 그중에 더 어렵거나 더 쉬운 일은 없다. 어차피 그 어떤 역사도 우리에게서 나가지 않기 때문이다. 그것은 우리의 권세와 관련이 있다. 왜냐하면 하나님의 소유권과 거룩함 때문이다.

우리는 하나님께서 구별하신 거룩한 나라다. 주님이 우리에게 권세를 주신 이유는 우리를 값 주고 사셨기 때문이다. 우리는 하나님 가족이다. 로마서 8장 15절에 따르면, 우리는 양자의 영을 받았는데, 아람어로는 '용납acceptance의 영'이라는 의미다. '아바 아버지'라 부르며 간구하시는 하나님의 영이 우리 안에 계신다. 우리는 사랑받는 자로 입양되고 용납되었다.

마음을 변화시키는 말씀

너희는 이 세대를 본받지 말고 오직 마음을 새롭게 함으로 변화를 받아 하나님의 선하시고 기뻐하시고 온전하신 뜻이 무엇인지 분별하

도록 하라 (롬 12:2)

하나님의 말씀에는 우리 마음을 새롭게 변화시키는 놀라운 능력이 있다. 이것은 우리의 심리적 구성요소와 관련이 있다. 말씀은 육체에 속한 심리적 영역을 다룬다. 데살로니가전서 5장 23절에서 바울은 영, 혼, 육에 대해 말하면서 우리 내면을 세 부분으로 구분한다.

영은 거듭남으로 구원받았지만, 우리의 생각을 가리키는 '혼', 곧 '정신'은 그렇지 않다. 우리의 생각이 거듭나지 않았기 때문에 하나님의 말씀으로 생각을 새롭게 하여 변화를 받아야 한다. 우리의 생각이나 뜻을 변화시키는 것이 바로 하나님의 말씀이다. 하나님의 진리를 붙잡으려면, 잘못된 필터를 제거해야 한다. 그래야 천국으로부터 받을 수 있다.

우리는 하나님의 말씀으로 권세를 확립해야 한다. 자신이 말하는 것을 성경으로 뒷받침할 수 있어야 한다. 내가 어떤 말을 할 때, 나는 그것을 확증하고 봉인한다. 그렇게 우리는 교훈 위에 교훈을 계속 세워간다. 생각은 우리를 거스르며, 사람들이나 귀신들도 우리가 의심하는지 여부를 알고 있다. 따라서 영으로 확신할 뿐만 아니라 혼으로도 온전히 확신해야 한다.

우리가 생각을 새롭게 함으로 변화를 받아야 하나님의 선하시고, 온전하시며, 합당한 뜻을 분별할 수 있다. 하나님의 말씀이 우리를 변화시킨다. 그러면 우리가 어떤 것을 보더라도 그것이 합당한지, 아닌지 분별할 수 있다. 하나님의 온전한 뜻을 분별할 수 있기에 결정을 내릴 수 있다. 우리는 권세 아래 있기 때문에 권세가 있으므로 공정한 판단을 내릴 수 있다. 우리의 마음과 생각은 변화되어야 한다.

> 우리의 싸우는 무기는 육신에 속한 것이 아니요 오직 어떤 견고한 진도 무너뜨리는 하나님의 능력이라 모든 이론을 무너뜨리며 하나님 아는 것을 대적하여 높아진 것을 다 무너뜨리고 모든 생각을 사로잡아 그리스도에게 복종하게 하니 (고후 10:4-5)

하나님을 아는 지식에 대항하는 것은 어떤 것이라도 맞서야 한다. 모든 생각을 사로잡아야 한다. 이 구절은 생각의 영역에서의 전쟁을 다루고 있다. 여기서 '생각'thought은 '정신'psyche을 의미한다. 만약 우리 마음의 심리적 부분을 조율해서 영과 같은 선상에 놓는다면, 우리 몸에게 하루 쉬라고 지시할 수 있다. 이렇게 되면 우리 몸에 대한 권위가 생긴다. 그러면 머지않아 디저트를 거부하고 운동하러 가는 일도 가능할 것이다.

마음, 뜻, 감정(정신적 부분)을 거듭난 영에 연합시키지 못한다면, 우리는 원수의 공격을 받게 될 것이다. 많은 사람들이 스스로 육체에 갇혀 있다고 느끼는 이유가 바로 여기에 있다. 하나님의 말씀으로 생각을 변화시키고 생각의 흐름을 바꾸라.

> 하나님은 영이시니 예배하는 자가 영과 진리로 예배할지니라 (요 4:24)

예수님은 우물가에서 사마리아 여인과 대화를 나누고 계셨다. 그녀는 신학적 문제에 대해 예수님과 이야기하고 싶어 했다. 당시 유대인들이 사마리아인들을 혼혈로 여기고 멀리했기 때문에 사마리아인들은 예루살렘 성전과 비슷하게 성전을 지었고, 자신들만의 전통을 세우려 했다. 그들은 어느 산에서 예배를 드려야 할지 논쟁하였다. 사마리아 여인 역시 이 부분에 대해 예수님께 여쭈었는데, 주님은 "여자여 … 이 산에서도 말고 예루살렘에서도 말고 너희가 아버지께 예배할 때가 이르리라"(요 4:21)고 말씀하셨다. 예수님은 그 여인에게 도전하셨고, 우리에게도 많은 것을 도전하신다.

이 상황은 마치 신앙인들이 영적 전쟁을 치르면서 그것이 하나님으로부터 온 것이라고 생각하는 것과 같다. 예수님은 우리의 오해와 맞서신다. 주님은 산이 문제가 아니며, 하나님은 영이시기 때문에 영적인 예배를 받으실 것이라고 말씀하셨다. 하나님은 우리의 마음이나 몸을 통해 말씀하지 않으실 것이다. 주님은 영이시기 때문에 성령을 통해 우리에게 말씀하신다. 하나님은 육신의 영역에서 일을 처리하실 필요가 없다.

Receiving from Heaven

> 하나님은 우리의 마음이나 몸을 통해 말씀하지 않으실 것이다.
> 주님은 영이시기 때문에 성령을 통해 우리에게 말씀하신다.

우리는 마음을 새롭게 함으로 변화를 받고, 매일 몸을 단련해야 한다. 바울은 "내가 내 몸을 억제하여 복종하게 함은 다른 사람들에게 전파한 후에 도리어 내 자신이 버림을 받지 않게 하려는 것이라"(고전 9:27,

한글 킹제임스)고 말했다. 바울은 몸이 자신을 다스리도록 내버려 두지 않았다. 자칫하면 사도의 자격을 박탈당할 수 있기 때문이다.

오늘날 수많은 사역자들이 무너지는 것을 보는데, 이 세상에서는 그 누구도 장담할 수 없다. 몸을 단련하고 마음을 새롭게 하라고 하신 것은 하나님이 우리에게 부여하신 책임감에 관한 문제다. 진정 영적인 사람은 영적이려고 노력하는 사람이 아니라, 성령님께 순복하는 사람이다. 이런 자가 모든 상황에서 영적인 존재가 되도록 허락받은 사람이다. 예수님처럼 영적 존재이면서 여전히 이 땅에서 육신을 입고 행하는 사람이다.

밭의 비유

밭에 관한 비유는 어떻게 천국으로부터 받을지 이해하는 데 매우 중요하다. 예수님은 바닷가에 앉아 있는 수많은 무리에게 씨 뿌리는 자의 비유를 일러 주셨다(막 4:1-20 참고). 그 후에 제자들이 주님께 나아와 그 비유에 대해 설명해 달라고 요청했다. 예수님은 씨 뿌리는 자는 하나님의 말씀을 뿌리는 것이고, 씨는 말씀이라고 하셨다. 그 씨는 돈이 아니라 하나님의 말씀이다.

예수님은 이 비유에서 씨앗과 씨 뿌리는 사람, 즉 농부에 대해서는 단 한 문장만 말씀하셨지만, 밭에 대해서는 한 문단을 할애하셨다. 많은 사람들이 이것을 씨 뿌리는 사람의 비유라고 하지만, 예수님은 그것이 밭의 비유라고 내게 말씀해 주셨다.

주님은 밭이 사람들의 마음 상태를 나타낸다고 설명하셨다. 네 종류의 밭 가운데 오직 좋은 밭만이 수확을 거둔다. 좋은 밭 중 일부는 30배, 60배의 결실을 얻었고, 또 다른 일부는 100배의 결실을 거두었다. 좋은 밭이 모두 100배의 수확을 거두지는 않았다.

간단히 계산해서, 100명 중에 오직 25명만 말씀을 받을 수 있는 좋은 밭이라고 할 수 있다. 말씀을 받기에 좋은 밭인 25명을 다시 3등분해 보자. 그들의 소출이 각각 30배, 60배, 100배였기 때문이다. 그러면 대략 8명이 30배의 소출을 얻고, 8명이 60배의 소출을 얻으며, 오직 8명만이 100배의 소출을 얻는다. 하나님의 말씀을 듣는 100명 중 오직 8명만이 들은 말씀의 100배의 소출을 거둘 것이다. 예수님은 제자들에게 만약 이것을 이해한다면 하나님 나라의 깊은 비밀을 알게 될 것이며, 모든 것을 알 수 있을 것이라고 말씀하셨다. 하나님의 말씀은 우리를 변화시키고 바꾼다. 그것이 천국으로부터 오기 때문이다.

예수님이 우리의 마음에 뭐라고 말씀하시는지 알고 싶다면, 그 말씀의 역사가 일어나지 못하게 가로막는 모든 것을 제거해야 한다. 하나님의 말씀을 받으려면, 영적 성장에 가장 적합하게 마음을 가꿔야 한다는 뜻이다. 일단 그렇게 하면 예수님께서 우리에게 미소 지으실 것이다.

사탄이 다가오려고 할 때, 예수님은 "악한 자가 오고 있지만, 그는 나와 아무 상관이 없다"(요 14:30 참고)고 말씀하셨다. 이 세상 통치자는 예수님의 육신을 넘어뜨릴 만한 어떤 것도 찾지 못했다. 그것이 바로 우리가 바라는 것이어야 한다.

성령의 신비 말하기

방언을 말하는 자는 사람에게 하지 아니하고 하나님께 하나니 이는 알아 듣는 자가 없고 영으로 비밀을 말함이라 (고전 14:2)

    우리가 할 수 있는 모든 것을 다 했음에도 불구하고 여전히 영적 돌파를 경험하지 못할 때가 있다. 바로 그 연약한 지점에 성령께서 오셔서 우리를 일으켜 세우시면, 이전에 경험해 보지 못한 불같은 기도를 할 수 있게 된다. 우리가 다음 단계로 나아가야 하는 이유는 변화가 일어나야 하기 때문이다. 변화는 일단 우리 안에서 시작된다. 그 다음에 우리 주변의 모든 것이 변화된다.

    우리 몸은 살과 피로 되어 있다. 성령 안에서 방언으로 기도할 때, 그것은 영적인 일이기 때문에 우리의 몸과 마음이 개입되지 않는다. 우리가 성령님을 감지할 때, 우리의 생각은 그것을 이해할 수 없다. 그런 일이 우리 마음 안에서 일어난다. 그러므로 우리의 생각을 끄고 하나님의 말씀에 집중해야 한다.

    영으로 기도하는 중에 성령님과 연결되면, 우리는 영계에 반향을 일으키게 된다. 나는 천국에 있을 때, 그것을 보았다. 주님께서 내게 말씀하셨다. "지금 바로 영으로 기도하라." 나는 '설마 지금?' 하고 생각했다. 그때 내 몸은 수술대 위에 누워 있었지만, 동시에 나는 영 안에 있었다. 예수님께서 다시 말씀하셨다. "기도하라, 기도하라, 기도하라." 나는 기도했다. 그랬더니 내게로부터 어떤 힘이 나와서 뭔가를 치기 시작했다.

Receiving from Heaven

> 변화는 먼저 우리 안에서 일어나고,
> 그 다음에 우리 주변의 모든 것이 변화된다.

우리는 영적인 영역에서 권세를 세워야 한다. 하나님께서 우리에게 권세를 주셨지만, 그것을 세우는 것은 우리 몫이다. 우리가 직접 그 권세를 보여 줘야 한다. 그것은 마치 영적 세계의 GPS 신호와 같아서 우리가 그 신호를 보내야 한다. 그러면 우리는 성령으로 굳게 세워진다. 자신이나 지인이 마귀에게 괴롭힘 당하는 것을 원치 않는다면, 예수님의 이름 안에 있는 권세를 취해야 한다.

이 땅에서 예수님을 만나든, 죽을 때까지 만나지 못하든, 우리는 마귀와 맞서야 할 것이다. 사정없이 마귀를 몰아붙여 꼼짝 못하게 해야 한다. 마귀가 교회에서 제멋대로 누비게 해서는 안 된다. 맨 앞줄에 앉아서 믿는 자들을 조종하게 내버려 둬서는 안 된다. "들어 봐. 내가 제일 좋아하는 노래야. 그들이 무슨 짓을 하든 하나님이 모두를 사랑하신다고 설교해 주면 좋겠어. 여자 친구랑 동거해도 아무 문제가 되지 않는다고 말이야."

어느 집회에서 한 젊은 여성이 나에게 기도해 달라고 요청했는데, 그녀에게는 부인과 쪽에 문제가 있었다. 내가 그녀에게 "결혼했습니까?"라고 묻자 그녀는 이렇게 대답했다. "아니요. 저는 결혼에 별로 관심이 없어요. 남자 친구와 함께 살고 있는데, 우리는 결혼에는 관심이 없거든요." 죄에서 돌이키지 않는 한 그녀는 치유받지 못할 것이다. "길이 협착하여 찾는 자가 적음이라"(마 7:13-14 참고).

우리는 모든 죄를 회개해야 한다. 예수님의 보혈로 덮고 즉시 회개해야 한다. 오늘날 많은 사람들이 주중에는 마귀와 함께 지내다가 주말에만 교회에 가고 있다.

Receiving from Heaven

> 오늘날 많은 사람들이 주중에는 마귀와 함께 지내다가
> 주말에만 교회에 가고 있다.

우리는 예수님이 직접 우리를 찾아와 주시고, 우리 교회에서 직접 설교해 주시면 좋겠다고 생각한다. 그러나 다시 생각해 보기 바란다. 그분이 모든 사람을 부담스럽게 하실 수도 있기 때문이다.

예수님은 다음과 같이 말씀하셨다. "너희가 내 피를 마시지 않고 내 살을 먹지 않으면 나와 관계가 없을 것이다"(요 6:53 참고). 그러자 그날 많은 사람들이 예수님을 떠나갔고, 그분은 군중집회를 소그룹 모임으로 바꾸셨다! 예수님은 제자들 가운데 열두 명을 뽑으셨다. 그 자리에 모인 수천 명의 사람들은 주님이 기적으로 자신들을 먹여 주셨기 때문에 그분을

따른 것이었다. 그들은 하나님을 따르는 것에는 관심이 없었다. 우리가 할 수 있는 최선은 매일 삶 속에서 성령의 불로 기도하고 회개하는 것이다.

주님 얼굴의 영광

예수님은 마귀를 구경거리로 만드셨다. 예수 그리스도께서는 마귀를 이겨 부끄럽게 하셨고, 그의 머리를 밟아 제압하셨다. 죽음은 그리스도인이 된 우리를 지배할 수 없으며, 우리에게 아무런 해도 미치지 못한다. 우리는 더 이상 죽음을 두려워해서는 안 된다.

예수님은 내게 모세가 쓴 시편 90편에 대해 상세하게 설명해 주셨다. 그것은 모세가 반석 틈에 있을 때, 하나님이 스쳐 지나가신 것과 관련된 내용이다. 하나님은 그분의 선하심과 그 이름을 모세에게 알리셨고, 모세는 단번에 하나님의 여러 면을 보았다.

하나님은 이렇게 말씀하셨다. "모세야, 그거 아느냐? 나와 너 사이에는 문제가 없단다. 문제는 너의 백성이다." 이에 모세가 대답했다. "아닙니다. 그들은 주님의 백성입니다." 이 말에 하나님께서 다음과 같이 말씀하셨다. "잠깐, 그들이 언제 내 백성이 되었느냐?"(출 32:7-14 참고) 모세는 하나님이 그 백성에게 진노하시면 그들이 살아남을 수 없다는 사실을 알았다. 모세는 이스라엘을 보호하기 위해 그들이 하나님의 백성임을 상기시켜 드리고 싶었다.

하나님께서 모세에게 말씀하셨다. "내가 너를 기뻐하노라. 나의 임재가 너와 함께 갈 것이다." 한 가지 흥미로운 점은 히브리어에는 '임재'라는 단어가 없다는 것이다. 여기에서 사용된 단어는 '얼굴'이다. 하나님께서 모세에게 그분의 '임재'가 함께할 것이라고 말씀하셨을 때, 히브리어 복수형 '얼굴들'을 사용하셨다. 모세는 삼위일체의 계시를 받았던 것이다. 그 다음에 모세는 하나님께 주님의 영광을 보여 달라고 구했다. 하나님은 모세에게 자신의 얼굴을 보고는 살 수 없다고 하셨지만, 어떻게든 가능한 방법을 찾아내셨다(출 33:18-23 참고).

천국에 갔을 때, 하나님 아버지의 얼굴을 보는 것은 허락되지 않았지만, 예수님은 하루 종일 응시할 수 있었다. 우리가 하나님의 얼굴을 직접 보면 죽는다. 하나님 아버지의 얼굴에서 나오는 것에 우리의 몸이 녹아 버려 육신으로 돌아가지 못하게 될 것이다. 하나님의 얼굴을 보고서 우리가 이 땅에서 살 수는 없다. 그래서 하나님이 그렇게 말씀하신 것이다. 우리의 타락한 몸으로는 하나님의 임재를 감당할 수 없다.

현재 바르게 살고 있지 않다면, 그것을 먼저 바로잡고 회개해야 한다. 우리가 회개하면, 마귀들이 몰려와도 아무것도 할 수 없다. 그러면 그들은 다른 연약한 사람을 찾아내어 그들을 뒤쫓아 갈 것이다. 그것이 그들에게 맡겨진 사명이기 때문이다. 그들은 어떻게든 결과물을 만들어야 한다. 그렇지 않으면 그들은 곤경에 빠진다.

우리는 회개해야 한다. 그러면 하나님을 바라보게 된다. 그것이 바로 주님의 임재, 주님의 얼굴, 다가올 영광이다. 우리는 그것을 받을 준비가 되어 있어야 한다.

천국에 있을 때, 특별한 만남을 위해 어느 장소로 안내받았다. 주님은 내게 아무나 그것을 경험하는 것이 아니라고 말씀하셨다. 그런데 최근에 우리 집 거실에서 똑같은 일을 경험했다. 하나님 아버지께서 우리 거실에 오신 것이다. 하나님 아버지의 영광이 너무나 강력해서 캐티와 나는 거기 주저앉아 서로를 응시했다. 그곳은 사랑으로 충만했다. 거기에는 엄청난 용납하심이 있었다. 어떤 문제도 없는 어마어마한 천국이 거기 있었고, 내 안의 모든 것이 깨어났다.

이 영광이 교회에 오고 있으며, 그리스도의 신부가 입을 예복에서 얼룩과 주름을 제거하고 있다. 그것이 지금 시작되었다. 안수나 예언, 헌금 등은 거기에 포함되지 않는다. 그 영광은 자신과 신랑을 위해 등불을 준비하고(마 25:1-13 참고) 회개하는 사람들에게 임한다. 우리는 혼인잔치를 위해 단장하고 있다. 영광이 곧 임할 것이며, 그것은 묵직한 하나님의 임재, 즉 하나님의 '카보드'kabod로서 우리가 경험해 오던 것이 아니다. 그 영광 안에서 우리는 즉시 치유되고, 하나님의 말씀을 직접 들을 것이다. 나는 이미 그것을 맛보았다.

나는 미래로 이끌려가서 사람들이 교회 밖에 줄 서 있는 장면을 성령 안에서 보았다. 그들은 첫 예배에 들어가지 못해 다음 예배를 기다리고 있었다. 기다리던 사람들은 치유받지 못했다. 그들은 그 안에 들어갈 수만 있으면 치유된다고 들었다. 나도 의사들마저 포기한 사람들과 함께 줄을 섰다.

나는 미래로 가서 이런 종말의 시간을 보았다. 주님의 영광은 그리스도의 몸 위에 임하여 있었고, 하나님의 아들과 딸들이 나타나며, 세상 사람들은 하나님께 몰려들고 있었다. 그들은 이렇게 말하였다. "제발 저를 위해 기도해 주세요. 저는 하나님을 원합니다. 하나님께 제 삶을 드리고 싶어요." 내가 길을 걷고 있는데, 사람들이 "저기 하나님의 아들들 중 한 분이 계시다. 그분에게 우리를 위해 기도해 달라고 하자"고 외쳤다. 믿는 자는 얼굴이 빛나기 때문에 모두가 쉽게 알아보았다.

마지막 시대에 우리는 에녹처럼 될 것이다. 우리는 믿음으로 다스릴 것이다. 그것이 내가 본 것이다. 교회는 에녹의 표상이고, 에녹은 교회의 표상이다. 하나님께서 주관하시는 모임들을 보았는데, 거기서 우리는 경배하고 설교하고, 또 경배하고 설교했다. 그리고 사람들이 와서 치유되었다. 뼈가 우두둑거리며 관절이 맞춰지는 소리뿐 아니라 새로운 팔다리와 장기를 받아 감격하는 사람들의 소리가 들렸다. 나는 사람들이 구원받고 싶어 하는 모습을 보았다. 우리가 받은 것을 그들도 원했기 때문이다. 그런 광경을 상상이나 할 수 있는가?

∴

다른 차원에 압도되다

나는 30년 동안 직장에서 매일 구원받지 못한 사람들을 상대하며 그들에게 주님에 대해 이야기했다. 그들은 이렇게 말했다. "글쎄요. 내가 왜 내 삶을 주님께 드려야 하죠? 도대체 나에게는 없는 무엇이 당신에게 있다는 건가요?" 그들에게 표준화된 대답을 해서 지옥을 피할 화재 보험을 들게 할 수도 있다. 그러나 하나님의 선하심 때문에 우리가 회개에 이르게 되는 것이라면 어떻게 하겠는가? 하나님의 선하심이 사람들을 회개로 이끄는 것이고, 그들이 우리가 받은 것을 원한다면 어떻게 하겠는가?(롬 2:4 참고)

세상이 하나님의 영광을 볼 시간이 다가오고 있다. 사람들은 우리가 진리로 행한다는 사실을 알게 될 것이다.

Receiving from Heaven

세상이 하나님의 영광을 볼 시간이 다가오고 있다.
사람들은 우리가 진리로 행한다는 사실을 알게 될 것이다.

내가 이 말을 하는 이유는 지금 그리스도의 몸인 교회 안에 커다란 미혹이 있기 때문이다. 우리는 백마를 타고 오시는 분을 기다린다. 그러나 주님은 중국, 러시아, 중동이 돌아올 때까지 오지 않으실 것이다. 우리 이웃이 돌아오는 것은 더 말할 나위 없다. 주님은 추수의 주인이시며, 사람들이 추수 밭에 나가길 기도하고 계신다(마 9:38 참고).

지금은 열방이 우리에게 오고 있기 때문에 멀리 나가지 않아도 된다. 이란에 직접 가지 않아도 된다. 미국에 있는 이란인 교회에 가려면 두어 시간이면 충분하다. 나는 통역 설교를 통해 페르시아어를 하는 사람들에게 복음을 전할 수도 있다.

우리는 추수할 일꾼들이 추수 밭에 나가기를 기도한다. 이사야가 "주여, 나를 보내소서"라고 한 것은 그가 다른 차원을 경험했기 때문이다

(사 6:1-8 참고). 이사야는 성령에 사로잡혀 높이 들리신 주님을 뵙고 난 뒤 망하게 되었다고 고백했다. 새로운 차원이 그에게 영향을 주기 전까지 모든 것이 괜찮았다. 그런데 다른 차원을 접하고 나자 이사야는 "나는 입술이 부정한 사람이요, 나는 입술이 부정한 백성 중에 있도다"라고 하였다. 이사야는 눈으로 만군의 주이신 왕을 뵈었다. 그리고 이렇게 말하였다. "화로다, 나여." 앞으로 이런 종류의 계시가 곳곳에서 나타날 것이다.

이사야에게는 도움이 필요했다. 그래서 하나님이 천사를 보내셔서 천국의 제단에서 숯을 가져오게 하셨는데, 그 숯불은 지금도 타고 있다. 천사는 타는 숯을 바로 이사야의 입에 대어 그의 문제를 해결해 주었다. 이에 이사야는 이렇게 반응했다. "내가 여기 있나이다. 나를 보내소서!" 왜 그가 이런 말을 했을까? 그가 다른 차원으로부터 받은 것이 다른 사람들에게도 필요했기 때문이다.

평범하기를 바라지 말라. 우리는 비범한 존재가 되기를 바라야 한다. 우리는 다른 차원을 접하여 압도되어야 한다.

대학을 졸업하는 날, 총장님이 다음과 같은 졸업사를 하였다. "축하드립니다. 여러분은 이제 사역하러 가는데, 앞으로 한 가지만 기억하십시오. 예수님은 하나님 아버지의 뜻을 전하셨는데, 사람들이 3년 반 만에 그분을 죽였습니다. 만약 여러분이 똑같이 한다면, 여러분도 오래 가지는 못할 것입니다." 그는 여기서 핵심을 말하고 있었다. 하나님을 위해 모든 것을 한 믿음의 선배들이 지금은 영웅 대접을 받는다. 하지만 그 시대의 사람들은 그들을 죽이고 싶어 했다는 것을 아는가?

예수님이 죽은 자 가운데서 나사로를 일으키실 때, 종교지도자들은 아무것도 할 수 없었다. 그들은 예수님을 막을 수 없었다. 그래서 어떻게든 나사로를 죽이려고 모의했다. 나사로가 그분의 증거였기 때문이다. 당대의 종교지도자들은 그 증거를 없애 버리고 싶어 했다.

나는 몇 년에 걸쳐 믿음의 거장들과 하나님 나라 운동들을 연구했다. 그들이 무엇을 잘했고, 무엇을 잘못했는지를 발견하고, 그들의 실수로부터 배웠다. 내가 발견한 한 가지는, 그들이 그 시대에는 영웅이 아니었다는 점이다. 그들은 나중에서야 유명해졌다. 그들은 사역하며 사람들의 마음을 불편하게 만들었다. 회개를 촉구했기 때문이다. 그들은 열정적으로 활동하며 스스로 변화하면서 자신의 시대에 하나님이 행하신 것을 그 다음 세대에 넘겨줘야 했다.

Receiving from Heaven

내가 이 시대 가운데 내 몫을 다하지 못한다면, 그것이 그대로 다음 세대로 넘어갈 것이다.

만일 내가 이 시대 가운데 내 몫을 다하지 못한다면, 그것이 그대로 다음 세대로 넘어갈 것이다. 지금 우리의 방향을 바로잡지 않으면, 다음 세대가 그것을 확인하여 기록할 것이다. 이는 전날 밤에 있던 경기를 보고 난 후 사람들이 다음날 오전 내내 보이는 반응과 비슷하다. 모두가 지난 밤에 뛴 선수보다 더 잘할 수 있을 것처럼 말한다. 누구든지 "우린 이렇게 했어야 했고, 당신도 그렇게 했어야 했다"라고 말할 수 있다. 그러나 우리가 지금 방향을 바로잡아 마침내 영광으로 나아가 훌륭하게 우리의 몫을 완수한다면 어떻게 되겠는가?

우리가 지금 믿고 있는 것을 위해 싸우다가 죽은 믿음의 선진들이 있다. 그들은 큰 대가를 치렀고, 그것은 일종의 투자와 같다. 지금 천국에는 구름같이 둘러싼 허다한 증인들이 믿음의 경주에서 우리가 맡겨진 사명을 완수하기를 기다리고 있다. 그들은 이미 자신들의 몫을 다했고, 우리가 끝까지 잘 마치기를 응원하고 있다.

나는 그들 중 몇 사람을 만난 적이 있다. 이 땅이 아니라 천국에서 말이다. 이 땅의 시간으로 몇 시간씩 그중 몇 사람과 대화를 나누었다. 나는 천국에서 예수님과 일주일 내내 같이 있었지만, 이 땅의 시간으로는 겨우 45분밖에 지나지 않았다. 꽤 유명했던 전도자들과 같이 앉기도 했다. 그들은 자신의 사명을 완수했기 때문에 그 다음 일어날 일에 대해 매우 궁금해하며, 우리가 맡겨진 사명을 잘 감당하기를 기다리고 있다. 하나님이 우리의 삶 가운데 행하고 계시는 일들을 놓치는 일이 없도록 하라. 우리가 신실하길 바라고 의지하는 사람들이 너무 많기 때문이다.

Receiving from Heaven

> 지금 천국에서는 구름같이 둘러싼 허다한 증인들이 우리가 경주에서 맡겨진 사명을 완수하기를 기다리고 있다. 그들은 이미 자신들의 몫을 다했고, 우리가 끝까지 잘 마치기를 응원하고 있다.

때때로 예수님은 나를 영으로 사로잡아 무언가를 보여 주시고 다시 돌려보내셨다. 어느 날 주님께서 "케빈, 내가 너를 데려오기 5분 전으로 되돌려 보낼 수 있다는 것을 아느냐?"고 말씀하셨다. 나는 주님께 이렇게 여쭈었다. "어떻게 그렇게 하실 수 있나요?" 예수님께서 대답하셨다. "내가 원하는 것은 무엇이든 할 수 있단다. 너의 과거를 바로잡을 수도 있지." 그 말에 놀란 나는 "정말요?"하고 외쳤다. 그분은 이미 그렇게 하셨다.

하나님은 우리를 제한하는 어떤 법에도 매이지 않으신다. 하나님이 모든 것을, 이 세상과 그 안에 있는 모든 것을 직접 만드셨다. 그러므로 주님은 언제나 이기신다. 그것은 주님의 게임이다. 그러나 그분은 우리와 게임을 하시는 것이 아니다. 하나님은 우리 귀에 대고 역사에 남고 싶으면 평범한 사람이 되지 말라고 말씀하신다. 이 세대에는 평범한 사람이 필요 없다.

Receiving from Heaven

> 하나님은 우리 귀에 대고 역사에 남고 싶으면 평범한 사람이 되지 말라고 말씀하신다. 이 세대에는 평범한 사람이 필요 없다.

모든 세대가 수준을 높여야 한다. 우리가 가는 곳마다 그곳을 장악하고 있는 마귀가 떠나가고 영적 분위기가 바뀌어야 한다. 우리가 찬양을 부를 때 믿음이나 예수 이름이 없어서 마귀가 좋아하는 일이 없어야 한다.

우리는 영적 분위기를 바꾸는 일을 해야 한다. 영웅은 다음 세대를 위해 만들어진다. 그러나 우리는 이 세대 가운데 어떻게 역사에 개입할지 분별해야 한다. 나는 매일 역사에 개입하여 그것을 바꾼다. 이를테면, 어떤 사람이 죽어가는 곳에 가서 그를 회복시킴으로 원수의 계획을 엉망으로 만드는 것이다.

내가 전에 일했던 사우스웨스트 항공사에서는 보통 한 달 전에 항공편 정보를 보내 주곤 했다. 거기에는 배정받은 비행기 편명과 함께 비행할 승무원의 명단도 기록되어 있었다. 이렇게 일반 회사도 비행 30일 전에 무슨 일이 일어날지를 정확하게 아는데, 하나님은 그보다 더 잘 아시지 않겠는가?

사람들은 종종 나에게 농담으로 이렇게 묻곤 했다. "비행 중 추락할까봐 두렵지 않으세요?" 정비사들이 내가 타게 될 비행기 편명을 한 달 전에 안다면, 하나님은 아마 그것보다 더 빨리 알고 계실 것이다. 그렇다면 내가 비행기에 타기도 전에 그것을 고치실 수 있지 않겠는가? 만약 내가 그 비행기를 타기 30일 전에 이렇게 기도한다면 어떻게 되겠는가? "주님, 정비사들을 위해 기도합니다. 그들이 제가 탈 비행기의 부품 하나라도 놓치지 않게 해주세요." 그러면 하나님께서 내 기도를 들으시지 않겠는가? 지나가던 정비사가 자기도 왜 그러는지 영문도 모르고 비행기 날개를 재차 확인하다가 균열을 발견할 수도 있다. 그러나 나는 그 이유를 안다. 내 영이 "내가 죽지 않고 살겠다"(시 118:17 참고)고 선포하는 것을 내가 듣고 있기 때문이다.

나는 고장 난 비행기를 타지 않을 것이다. 29년간 비행했지만 한 번도 비행기가 추락한 적도 없고, 불행한 사고도 없었다. "우리가 탄 비행기가 추락하지 않았으면 좋겠어요." 얼마나 많은 이들이 비행기에 앉아 이렇게 말하고 있는가? 우리는 하나님과의 관계 가운데 믿음을 통해 기도함으로 미래는 물론 다른 모든 것에 관여할 수 있다는 것을 알아야 한다.

하나님께서 부르셨을 때, 아브라함은 갈대아의 우르에 살았다(창 12:1-3 참고). 하나님은 아브라함을 찾아가셔서 이렇게 말씀하셨다. "내가 너와 언약을 맺고, 너를 통해 나라를 이루겠다. 너의 이름을 더 이상 아브람이라 하지 말고 아브라함이라 하라. 너를 모든 민족의 아버지가 되게 하겠다"(창 17장 참고). 이것이 우리가 거듭날 때, 하나님이 행하시는 일이다. 나는 아브라함의 믿음으로 하나님이 우리를 찾아오시고 그 한 번의 방문으로 세상을 바꾸실 수 있다는 사실을 깨달았다. 아브라함은 하나님이 세우시고 만드신 성을 향해 떠났다(히 11:10 참고). 자신이 어디로 가는지도 몰랐지만, 도착하면 알게 될 것이다.

창세기 13장에서는 아브라함이 매우 큰 부자였다고 말한다. 아브라함은 모든 것을 버리고 떠났지만, 번창하기까지 그리 오래 걸리지 않았다. 주님은 이렇게 말씀하셨다. "나와 복음을 위하여 집이나 가족을 버린 자는 현세에서 백배나 받되"(막 10:29-30 참고).

아브라함이 하나님을 믿으매 그것을 그에게 의로 정하셨다 함과 같으니라 그런즉 믿음으로 말미암은 자들은 아브라함의 자손인 줄 알

> 지어다 또 하나님이 이방을 믿음으로 말미암아 의로 정하실 것을 성경이 미리 알고 먼저 아브라함에게 복음을 전하되 모든 이방인이 너로 말미암아 복을 받으리라 하였느니라 그러므로 믿음으로 말미암은 자는 믿음이 있는 아브라함과 함께 복을 받느니라 (갈 3:6-9)

아브라함은 하나님의 말씀에 따랐고, 그로 인해 우리 모두의 아버지가 되었다. 우리가 예수 그리스도를 믿으면, 아브라함의 복을 받게 된다. 우리는 아브라함의 아들들이 되고, 그의 유산을 받는다. 아브라함에게 주신 복의 일부는 한 세대를 변화시키는 것이다. 그것은 하나님이 아브라함과 맺은 언약을 통해 믿음으로 받은 우리의 유산이다.

Receiving from Heaven

> 아브라함에게 주신 복의 일부는 한 세대를 변화시키는 것이다.
> 그것이 우리의 유산이다.

어떻게 성령께서 한 세대를 변화시키실까? 어떻게 우리 안에 이미 가지고 있는 것으로 우리가 변화될까? 그것은 기도와 회개와 겸손을 통해 이루어진다. 십자가에 못 박힌 삶, 주님을 경외함, 그리고 하나님을 기다림을 통해 이루어진다. 우리 삶을 내려놓고 다른 사람을 우리보다 더 배려함으로 이루어진다. 우리가 치러야 할 대가가 있지만, 하나님께서 그것을 네 배로 갚아 주시고 보상하실 것이다. 절대로 손해 보지 않을 것이다!

초자연적 사건을 구하지 말라. 대신 우리가 초자연적 사건이 되어야 한다. 성령이 우리 안에서, 우리 위에서, 우리를 통해 자유롭게 통치하셔야 한다. 그럴 때 권세가 나온다.

Chapter 4

하나님으로부터 받기

너는 마음을 다하여 여호와를 신뢰하고 네 명철을 의지하지 말라 너는 범사에 그를 인정하라 그리하면 네 길을 지도하시리라 (잠 3:5-6)

Chapter 4
Receiving from Heaven

평강의 하나님이 친히 너희를 온전히 거룩하게 하시고 또 너희의 온 영과 혼과 몸이 우리 주 예수 그리스도께서 강림하실 때에 흠 없게 보전되기를 원하노라 (살전 5:23)

사람은 영, 혼(마음, 뜻, 감정), 육으로 구성되어 있다. 타락하기 전에는 서로 다른 부분들이 통일체로 결속되어 있었지만, 이제는 따로 분리되었다. 우리는 아주 복잡한 존재라서 다른 차원들을 이해하려면 먼저 자기 자신을 이해해야 한다. 우리는 성령 안에서 매우 효율적으로 작동하도록 지어졌다. 성령 안에서는 모든 차원이 함께 움직인다.

타락으로 인해 인간은 이기적인 몸에 갇히고 이기적인 마음을 갖게 되었다. 그런데 우리가 거듭나면, 우리 영이 하나님의 일을 원하게 된다.

사도 바울은 이 땅에서 살고 있는 구원받은 사람에게 무슨 일이 일어나는지 설명하기 위해 로마서 7장을 썼다. 그런데 7장에서 8장으로 넘어가면서 바울은 다음과 같이 선언한다. "그러므로 이제 그리스도 예수 안에 있는 자에게는 결코 정죄함(정죄하는 목소리)이 없나니." 이것은 아람어로 사건이 종결되었다는 의미이다. 계속해서 바울은 이렇게 말한다. "예수 그리스도 안에 있는 자는 육신을 따르지 않고 영을 따르나니." 바울은 영에 속한 자들은 하나님을 기쁘시게 하지만, 육에 속한 자들은 하나님을 기쁘시게 할 수 없다고 말한다.

> 그런즉 누구든지 그리스도 안에 있으면 새로운 피조물이라 이전 것은 지나갔으니 보라 새 것이 되었도다 (고후 5:17)

만약 우리가 거듭났고 자신을 주님께 내어 드려 하나님의 영이 우리 안에 계시다면, 우리는 새로운 피조물이다. 바울은 고린도 성도들에게 그들이 완전히 새로운 종류의 사람이라고 말하고 있다. 우리와 같은 피조물은 없다. 우리는 완전히 새로운 존재이며, 이전것은 모두 지나갔다.

로마서 7장의 내용은 우리가 육신에게 굴복했을 때, 즉 자기 길로 가기 원하는 마음에 굴복했을 때 일어나는 일이다. 그렇게 하면 하나님을 기쁘시게 할 수 없다. 로마서 7장에서는 하나님께 삶을 맡겨 드리지 않거나 그분께 순복하지 않을 경우, 우리가 어디에 살고 있는가를 말한다. 반면에 8장은 우리를 영의 차원으로 인도한다. 거기서 우리는 우리를 사랑하시는 이로 말미암아 넉넉히 이기는 자가 된다(롬 8:37 참고).

우리는 이 땅에서 훈련된 삶을 살아야 하고, 최상의 상태를 유지해야 한다. 항상 경계해야 하며, 자신의 자리를 지켜야 한다. 이것이 처음에는 힘들어 보이지만, 항상 성령 안에서 싸우기 때문에 실제로는 그리 어렵지 않다. 사람들은 종종 나에게 "정말 나무마다 마귀가 하나씩 있나요?"라고 묻는다. 그러면 나는 언제나 이렇게 대답한다. "아니요, 다섯이나 있어요. 그래서 저는 그 나무를 뿌리째 없애 버린답니다."

이 땅에는 마귀들이 가득하다. 천국에 있을 때, 주님이 나를 돌려세우시고 천국의 관점으로 세상을 보게 하셨다. 나는 거기서 모든 것을 볼 수 있었는데, 이 땅에서 무슨 일이 벌어지고 있는지 순식간에 알아차릴 수 있었다. 나는 다시 돌아오고 싶지 않았다.

우리가 이 땅에서 무엇을 상대하고 있는지 제대로 알 필요가 있다. 마귀들은 자신들이 결코 구원받을 수 없다는 사실을 알고 있다. 그들은 육신이 없는 존재이기에 자신을 드러내고 구현할 존재를 찾는다. 그들은 그렇게 하여 하나님께 복수하고 싶어 한다.

노아 시대에 하나님이 홍수로 이 땅을 덮으셨을 때, 네피림(혼혈족)들의 영이 육체에서 분리되었다. 그들에게 구원은 없다. 그들은 이 땅에서 큰 혼란을 일으키고 있는데, 우리의 전쟁 무기가 육신에 속하지 않은 이유가 여기에 있다(고후 10:4-6 참고).

정사와 영역 권세

우리는 사람들을 상대하는 것이 아니라 다양한 상위 계급의 영들과 전쟁을 벌이고 있다. 귀신들마다 계급이 있고, 동물과 인간의 혼종도 있다. 마귀들은 하나님을 미워하고 우리도 미워하기 때문에 그들을 상대하려면 담대해야 한다. 형세를 역전시켜 마귀들을 제압하고, 그들의 종말이 무엇인지 깨우쳐 줘야 한다. 우리가 들어가면 그들이 나가야 한다는 것을, 우리가 머리이고 책임자라는 것을 마귀들에게 상기시켜라. 우리가 마귀들에게 명령해야지, 그들이 우리에게 명령하게 두지 말라.

Receiving from Heaven

> 마귀들은 하나님을 미워하고 우리도 미워하기 때문에
> 그들을 상대하려면 담대해야 한다.
> 형세를 역전시켜 마귀들을 제압하고,
> 그들의 종말이 무엇인지 깨우쳐 줘야 한다.

마귀를 다루기 위해서는 인간이 영, 혼, 육으로 이루어져 있으며, 그가 성령 안에서 우리를 이길 수 없다는 것을 이해해야 한다. 그대로 두면, 마귀가 우리 혼이나 몸을 차지할 것이다. 절대 그가 들어오게 해선 안 된다. 마귀는 결코 우리 영 안으로 들어올 수 없다. 성령께서 그

를 진멸하실 것이기 때문이다. 성령님은 우리가 악한 영에 사로잡히는 것을 허용하지 않으신다. 그러나 우리 혼과 육은 공격받을 수 있다. 하나님의 말씀으로 우리의 생각을 변화시켜야 하는 이유가 바로 이 때문이다. 이것은 귀신 들림이나 사로잡힘과는 관계가 없다. 정사 및 주권 dominions and domains 과 관련 있다.

하나님 나라의 영역에서 우리가 얼마나 많은 권리를 마귀에게 넘겨주었는가? 우리 자신을 얼마나 주 예수 그리스도께 맡겨 드렸는가? 우리의 몸과 마음이 하나님의 말씀 편에 서야 하는 이유가 여기에 있다. 우리의 삶에 로마서 7장의 상황이 일어나선 안 된다. 우리 스스로 내면의 전쟁을 일으켜서는 안 된다. 그런데 사람들은 내면의 전쟁이 일어나도록 허용한다. 여기서 말하는 것을 이해하지 못하면, 우리는 하나님께 받을 수 없다.

하나님에게서 받는 것은 우리의 모든 지체를 완전히 순복시키는 것과 관련이 있다. 우리의 모든 것이 하나님께 순복하고, 지속적으로 하나님의 뜻에 복종해야 한다. 이것은 우리가 하고 싶은 대로 하지 않는다는 뜻이다. 무언가를 하지 않기로 마음을 정했으면, 그것에 대해 더 이상 생각하지 말라. 그 생각이 무단 침입해 들어와도 그렇게 행하지 말라.

Receiving from Heaven

범사에 하나님 인정하기를 배우라.
항상 주님을 인정하고 자신의 명철을 의지하지 말라.

> 내가 주의 날에 성령 안에 있었으며 나팔 소리 같은 큰 음성을 내 뒤에서 들었는데 말씀하시기를 "나는 알파와 오메가요, 처음과 마지막이라." (계 1:10-11, 한글 킹제임스)

예수님께서 이것을 시작하셨고, 또 마치실 것이다. 주님은 "믿음의 주요 또 온전하게 하시는 이"(히 12:2)시며, 말씀으로 세상을 붙들고 계시기 때문이다. 스바냐 3장 17절에 따르면, 주님은 우리를 위해 구원의 노래를 부르시는 강한 용사이다. 예레미야 29장 11절은 우리를 형통하게 하실 주님의 계획을 알려 준다. 하나님은 우리를 위해 멋진 마무리를 계획하셨다.

> 너는 마음을 다하여 여호와를 신뢰하고 네 명철을 의지하지 말라 너는 범사에 그를 인정하라 그리하면 네 길을 지도하시리라 (잠 3:5-6)

범사에 하나님 인정하기를 배우라. 항상 주님을 인정하고 자신의 명철을 의지하지 말라. 나는 주님이 말씀해 주시기를 기다리지만, 그렇게 하지 않으시더라도 그분을 의심하지 않는다.

사람들은 문제를 빨리 해결하고 싶어서 조바심을 낸다. 어떤 사안은 우리가 상관할 바가 아니며, 무슨 일이 일어났는지 또는 왜 일어났는지 영영 모를 수도 있다. 나는 그러한 상황에서 빠져나와 이렇게 말한다. "주님, 무슨 일이 일어났는지 모르지만, 저는 괜찮습니다." 나는 부르심에 합당한 존재가 될 것이며, 다른 사람이 나를 실격시키도록 내버려 두지 않을 것이다.

나의 영적 아버지는 이런 말을 해 주었다. "화내는 순간, 우리를 화나게 한 사람들과 똑같아진다"고 말이다. 그들이 우리의 수고를 헛되게 만든다고 해서 우리도 그들처럼 해야겠는가? 나의 영적 아버지는 우리가 경주 중 다칠 수는 있지만, 경주에서 탈락하고 싶지 않다면 절대 화내지 말라고 당부하였다.

하나님께서 우리에게 말씀하실 때, 그분은 우리의 영 안에 세미한 음성으로 말씀하실 것이다. 혼 안에서 많은 소음이 발생하고 있다면, 마음과 뜻과 감정으로 그 소음을 경험할 것이다. 또한 육체적 영역에서 몸으로 경험하는 소음도 있다. 이 소음은 우리를 산만하게 만들어서 하나님의 음성이 아주 크더라도 분별하기 어렵게 만든다.

Receiving from Heaven

영적 경주에서 탈락하고 싶지 않다면, 절대 화내지 말라.

말씀 안에서 자신을 발견하라

다니엘은 시련 가운데서 신앙의 절개를 지킨 선지자이다. 예수님이 오시기 약 400년 전 예루살렘에 살았던 다니엘은 모든 것을 다 갖춘 사람이었다. 그런데, 갑자기 다른 나라가 쳐들어 와서 그를 포로로 잡아갔다. 이것은 전혀 다니엘이 계획하지 않은 일이었다.

그는 그 후 70년간 바벨론에서 살았다. 거기서 다니엘은 예레미야 선지자가 쓴 두루마리 책을 읽다가 다음과 같은 말씀을 발견하였다. "여호와께서 이와 같이 말씀하시니라 바벨론에서 칠십 년이 차면 내가 너희를 돌보고 나의 선한 말을 너희에게 성취하여 너희를 이 곳으로 돌아오게 하리라 여호와의 말씀이니라 너희를 향한 나의 생각을 내가 아나니 평안이요 재앙이 아니니라 너희에게 미래와 희망을 주는 것이니라 너희가 내게 부르짖으며 내게 와서 기도하면 내가 너희들의 기도를 들을 것이요"(렘 29:10-12). 70년간 포로로 잡혀 있던 중 성경을 펴서 읽다가 자신의 세대에 관한 진리를 발견하면 어떻게 될까? 그것이 어떤 일일지 상상할 수 있는가?

주 예수 그리스도께서 내게 이것을 보여 주셨다. 주님은 죽었던 나를 다시 이 땅으로 돌려보내시면서 모든 것이 우리에게 유리하게 되어 있다는 사실을 알리라고 하셨다. 모든 것이 천국에 다 기록되어 있다.

다니엘이 두루마리를 읽고 있을 때, 갑자기 그 내용이 펼쳐졌고, 그는 그 안에 있었다. 그 두루마리는 다니엘에게 하나님께 부르짖으라고 하였고, 다니엘은 말씀대로 하나님께 부르짖으며 기도하고 금식했다. 그것이 그에게 유리하게 맞춰진 일이었다. 다니엘이 태어나기 전부터 하나님은 다니엘의 세상을 예비해 놓으셨다.

다니엘은 이스라엘의 구원을 위해 기도했지만, 그 후로 21일 동안 아무 일도 일어나지 않았다. 그러다가 21일 후 한 천사가 다니엘에게 와서 그가 기도한 첫날부터 하나님이 들으셨지만, 그에게 오기 위해 천상에서 전쟁을 치러야 했다고 말해 주었다. 하나님은 다니엘에게 영적 세계를 열어 보이셨고, 다니엘은 성령에 사로잡혀 다가올 모든 일들을 보았다. 다니엘은 이 세상에서 어떤 일이 일어나고 있는지 깨달았다. 그는 앞으로 일어날 세계 강국들과 여러 사건들을 미리 보았다.

예수님은 오셔서 우리를 위해 죽으시고, 우리의 생명을 구하셨다. 그러므로 우리는 그것을 취하여 삶에서 실행해야 한다. 성경에서 우리 자신을 찾아야 한다. 우리는 모든 통치와 권세보다 뛰어나신 주님과 함께 하늘에 앉힌바 되었다(엡 1:21, 2:6 참고).

다니엘은 하나님의 위대한 선지자가 되어 우리가 알지 못하는 것을 보았다. 그는 일곱 우레가 선포한 것을 아무에게도 말하지 말아야 했다. 주님은 그에게 마지막 때까지 그 책을 봉하라고 하셨다(단 12:4 참고). 예레미야의 두루마리를 읽을 때만 해도 다니엘은 포로 신세였지만, 그로부터 21일 만에 상황이 바뀌었다. 결국 사로잡힌 모든 사람이 이스라엘로 돌아왔고, 때가 되어 메시아 예수님이 오셨다. 그들은 정확히 자기 자리에 있었다.

우리는 하나님이 원하시는 바로 그 자리에 있다. 우리가 하나님의 완전한 뜻으로 나아가도록 주님의 천사들이 우리를 호위할 것이다. 그것이 천사들이 하는 일이기 때문이다. 우리도 어느 정도 천사들에게 협조해야 한다. 천사들과 이야기할 때, 나는 그들을 전적으로 지지한다고 말한다. 나는 모든 것을 다 알지 못하지만, 천사들은 알기 때문이다.

하나님은 우리가 사는 세계의 기초를 붙들고 계시며, 우리는 초자연적인 것을 위해 갖춰지고 있다. 거듭나는 순간, 우리는 초자연적인 존재가 됨과 동시에 마귀의 적이 되었다. 마귀의 미움을 받기 위해 어떤 말이나 행동을 따로 할 필요가 없다. 우리는 그저 이쪽 편을 선택하고 해야 할 일을 할 뿐이다. 이 땅에 사는 우리가 영, 혼, 육으로 되어 있다는 사실을 이해할 때, 우리는 이 세대를 변화시킬 수 있다. 우리는 영으로 하나님께 받아 누려야 한다. 또한 혼과 육이 우리의 자격을 박탈하지 않도록 잘 처신해야 한다.

> 육에 속한 사람은 하나님의 성령의 일들을 받지 아니하나니 이는 그것들이 그에게는 어리석게 보임이요, 또 그는 그것들을 알 수도 없나니 그러한 일은 영적으로 분별되기 때문이라 신령한 자는 모든 것을 판단하나 자기는 아무에게도 판단을 받지 아니하느니라 (고전 2:14-15)

이 구절은 우리에게 몇 가지를 설명한다. 우리는 육신 안에 있는 영이고, 또 우리에게는 혼(마음, 뜻, 감정)이 있다. 영으로는 영적인 것들을 분별할 수 있지만, 생각은 그것을 이해하지 못한다. 성령으로 세례를 받고 방언으로 기도할 때 생각이 개입하지 않는 이유가 이 때문이다.

바울은 다음과 같이 말한다. "내가 만일 방언으로 기도하면 나의 영이 기도하거니와 나의 마음은 열매를 맺지 못하리라"(고전 14:14). 우리가 영으로 기도하면서 하나님께 비밀한 것들을 말하고 있기 때문에 우리의 생각은 이해하지 못한다. 생각은 그 과정에 개입되지 않기 때문이다. 만약 우리가 이해하는 것이 영이 아니라 마음, 뜻, 감정에서 나온다면, 하나님이 말씀하시거나 행하시는 것을 잘못 해석하게 될 것이다.

우리는 가능하다면 하루에 한 시간을 구별하여 방언으로 기도해야 한다. 그렇게 할 수 없다면 육의 사람으로 만족하며 삶을 즐기면 된다. 영의 사람은 방언으로 기도해야 한다. 우리의 영은 매일 방언으로 기도하게 되어 있다. 아내와 나는 하루에 14시간씩 여러 날을 방언으로 기도하는 경우도 있다. 우리는 그렇게 하는 것을 좋아한다. 방언 기도를 하면 안 되는 경우에는 하지 말라. 우리는 방언으로 기도하는 것을 좋아해서 그렇게 한다. 그리고 하나님의 영은 강력하게 우리를 고쳐시킨다. 이것이 내가 전쟁하는 방법이다.

Receiving from Heaven

영의 사람은 방언으로 기도해야 한다.

누구든지 말하려거든 하나님 말씀처럼 하고, 누구든지 섬기려거든 하나님께서 공급하시는 힘으로 하는 것같이 하여라. 이는 모든 일에 예수 그리스도로 말미암아 하나님께서 영광을 받으시도록 하려는 것이다. 영광과 능력이 영원 무궁히 그분에게 있다. 아멘. (벧전 4:11, 한글 킹제임스)

우리는 천국으로부터 영적 공급을 받고 있다. 그러므로 하나님이 공급하시는 능력으로 그것을 집행해야 한다. 영의 세계에서 온 것을 어떻게 이 땅으로 가져오는지 배워야 한다. 우리가 하나님 나라의 대사로서 천국으로부터 받은 것을 나눠 주면, 하나님이 영광을 받으신다. 우리가 이 땅에서 하늘 아버지의 뜻을 행할 때, 하나님은 영광을 받으신다. 성령의 도우심으로 삶 속에서 하나님의 뜻을 바르게 분별하고 행하라.

내가 너희에게 이르노니 사람이 무슨 무익한 말을 하든지 심판 날에 이에 대하여 심문을 받으리니 네 말로 의롭다 함을 받고 네 말로 정죄함을 받으리라 (마 12:36-37)

예수님은 우리 입에서 나오는 모든 무익한 말에 대해 책임을 져야 한다고 가르치셨다. 그분은 내게도 직접 내 입에서 나오는 모든 무익한 말에 대해 책임을 지게 될 거라고 말씀하셨다. 나는 이 진리가 우리를 제한하는 것이 아니라 오히려 능력 있게 세워 준다는 사실을 깨달았다. 쓸데없는 말이나 무익한 말을 하지 않을 때, 그 말에 더 무게가 있기 때문이다.

이제 나는 의도한 바를 말하고, 내가 말하는 것이 곧 내 의도가 된다. 나는 영 안에서 내가 우위에 있다는 사실을 깨닫는다. 나는 하늘로부터 받는다. 내가 말할 때 나를 위해 문들이 열리는데, 그 소리가 들린다. 그리고 족쇄가 풀어지고 사슬이 끊어지는 소리가 들린다.

다른 차원에서 말하기

나는 다른 차원에서 말할 수 있고, 그것이 내가 있는 공간에 영향을 미친다. 우리는 원래 이런 종류의 권세로 살게 되어 있다. 지금 내가 특별한 사람이라고 주장하는 것이 아니다. 누구든지 이렇게 할 수 있다.

예수님은 내게 직장을 그만두고 사람들이 주님의 권세 안에서 행하도록 훈련시키라고 말씀하셨다. 사람들이 더 이상 나를 필요로 하지 않아도 괜찮다. 정말 그렇게 되는 것이 나의 바람이다. 나는 다른 사람들이 나보다 더 잘하기를 바란다. 그들이 나보다 더 많은 관심을 받아도 상관없다. 내가 바라는 것은 관심이 아니기 때문이다.

우리가 성령님께 순복하면, 성령께서 우리를 맨 앞줄로 끌고 가서서 말할 자리를 마련해 주신다. 영적 분위기를 바꾸고 한 세대를 하나님께 되돌릴 수 있는 자리에 우리를 세우실 것이다.

Receiving from Heaven ─────────

> 우리가 성령님께 순복하면,
> 영적 분위기를 바꾸고 한 세대를 하나님께 되돌릴 수 있는
> 자리에 우리를 세우실 것이다.

우리는 세대를 움직일 수 있다. 얼마든지 그 일을 할 수 있다. 세례 요한도 그 일을 해냈다. 두 렙돈을 드린 과부도 해냈고, 마리아도 해냈

다. 천사들의 방문 후에 믿음으로 잉태한 성경의 여인들을 보라. 천사들은 그들에게 잉태될 아기에 대해 이야기했다. 하나님은 없는 것을 있는 것처럼 부르신다(롬. 4:17).

아직 드러나지 않았지만 우리 안에 있는 것은 바로 지금 이루어지는 것처럼 실제적인 것이다. 우리는 역사를 만드는 사람들이다. 우리가 하나님께 순복하면, 다음 세대에게 바통을 넘겨주지 않아도 되고, 경주하기에 불리한 자리를 물려주지 않아도 된다.

학생 시절에 나는 육상팀에서 뛰었다. 어느 날 하루 종일 경기를 하고 난 뒤, 코치가 나를 불러 기권한 선수 대신 3,200미터 계주의 마지막 주자로 뛸 수 있는지 물었다. 그는 우리가 주 신기록(state record)을 깰 기회를 얻었다고 말했다. 나는 이제 막 세 경기를 뛰어서 다음 경기를 뛸 수 없을 것 같다고 말했다. 그러자 코치는 내게 이렇게 조언했다. "누군가가 너를 쫓아올 때처럼 달려 봐."

나는 결국 계주의 주자로 뛰었다. 물론 바통을 넘겨받는 법을 훈련받아야 했다. 주자가 달려올 때, 나는 조금씩 속도를 내면서 특정한 선들을 넘어서지 말아야 했다. 코치는 나에게 이렇게 말했다. "주자가 네 손 안에 그 바통을 바로 올려놓을 거야. 그걸 느끼자마자 움켜잡되 뒤를 돌아보지 말고, 이길 때까지 멈추지 말고 달려."

경기가 시작되고 우리 팀의 첫 주자가 뒤처지는 것을 보았다. 그러더니 두 번째 주자는 훨씬 더 처지는 것이 아닌가? 나는 경주의 맨 마지막 주자로 바통을 받았다. 수학적으로 계산해 보니, 우승은 불가능해 보였다. 그러나 나는 사력을 다해 마지막 구간을 달렸다. 400미터를

52.6초 만에 뛰었는데, 이것은 400미터 학교 신기록이었다. 우리는 결국 신기록을 세웠다.

계주 경기에서는 모든 구간이 최종 결과에 포함된다. 이와 같은 원리로, 우리는 이 세대에서 우리의 역할을 다 해야 한다. 나는 내 몫을 감당하지 못해서 다음 세대에게 부담을 안기고 싶지 않다. 사탄이 우리를 괴롭히고 방해할 때, 우리는 영광 쪽으로 더 밀려간다. 사탄은 그것을 이해하지 못하거나 혹은 기대하지 않았지만, 결과적으로 우리에게 호의를 베풀게 된 것이다. 그것이 우리로 한계에 도달하게 만들기 때문이다. 마귀가 우리를 하나님의 영광 쪽으로 밀어 주는 것이다. 그 영광 안에 은총이 있는데, 그것은 사실 공평하지 못하다.

누군가 나서서 하나님이 사람들을 움직이시게 해 드려야 한다. 그려면 그들이 한 세대를 움직일 수 있다. 이 땅에는 선포하는 선지자들과 심고 세우는 사도들이 필요하다. 타협하지 않고 하나님의 말씀을 전하는 전도자들과 교리를 가르치는 교사들도 필요하다. 사람들을 목양하며 자신의 자리를 지키는 목사들도 있어야 한다. 우리에게는 그들 모두가 필요하다.

Receiving from Heaven

누군가 먼저 하나님이 사람들을 움직이시게 해야 그들이 한 세대를 움직일 수 있다.

하나님의 말씀은 살아 있고 활력이 있어 좌우에 날선 어떤 검보다도

> 예리하여 혼과 영과 및 관절과 골수를 찔러 쪼개기까지 하며 또 마음의 생각과 뜻을 판단하나니 (히 4:12)

예수님은 양날 선 검을 가지셨는데, 한쪽 날은 우리를 베고 한쪽은 적들을 벤다. 하나님의 말씀은 혼과 영을 가른다. 새 언약의 시대, 은혜의 시대에는 아나니아와 삽비라처럼 죽는 경우가 있다. 사실 이들보다 더 큰 죄를 범하는 신앙인들도 많은데, 그들은 아나니아와 삽비라에게 사과해야 할 것이다.

열아홉 살 되던 해에 예수님은 나에게 공군 사관학교에 입학하지 말고 성경대학에 가야 한다고 말씀하셨다. 주님은 내가 복음사역자가 될 것이라고 하셨다. 예수님은 나에게 나타나셔서 다음과 같이 말씀하셨다. "케빈, 너는 이 대학에 다니게 될 것이다. 그리고 학업을 마친 후에는 항공사에 취직할 것이다." 대학에서 7년을 보낸 후 항공사에 취직했을 때, 나는 스물다섯 살이었다.

예수님은 내가 전하는 메시지가 돈에 좌우되지 않게 하려고 이런 경력을 갖게 된 것이라고 하셨다. 나는 먼저 회사에서 경력을 쌓고 은퇴한 다음에 사역을 시작하였다. 29년 동안 사우스웨스트 항공사에서 일했는데, 처음 입사할 때는 조종사가 되리라 생각했다. 그런데 예수님은 "아니다. 너는 승무원이 될 것이다"라고 말씀하셨다. 나는 놀라서 이렇게 반응했다. "네? 뭐라고요?" 사실 예수님이 나와 함께 죽으셨을 때, 나는 이미 세상에 대해 죽었다. 주님께서 나를 정복하셨기 때문이다. 따라서 나는 주님이 말씀하신 대로 행하고, 결코 타협하지 않을 것이다.

한계의 오류

사도 바울은 이렇게 말했다. "그런즉 내가 너희에게 참된 말을 하므로 원수가 되었느냐"(갈 4:16). 우리가 영적 전쟁을 겪고 있는 이유는 주변에서 무슨 일이 일어나고 있는지 이해하지 못하기 때문이다. 우리가 이해한다면, 더 이상 마귀가 역사하지 못할 것이다. 마귀는 우리가 그리스도 예수 안에 주어진 권세를 스스로 인식하는지, 못하는지 안다. 우리가 그것을 인식하면, 마귀는 물러난다.

나는 내 삶 전체가 두려움에 기초하고 있었다는 사실을 깨달았다. 내가 예수님을 만났을 때, 주님의 눈 속에 있던 사랑이 내게로 들어와 그 두려움을 몰아냈다. 나는 그분의 사랑으로 온전해졌다. 나는 예수님이 나를 믿어 주시는 것을 보았다. 주님은 내게 천국의 모든 것이 나를 후원한다고 말씀하셨다. 천국에 있는 모든 이가 우리를 사랑하고, 우리에 대해 이야기한다. 그들은 결코 우리를 제한하지 않을 것이다. 천국에 있는 어느 누구도 우리가 실패할 것이라고 생각하지 않는다. 그들은 우리 편이다.

우리가 두려움을 버리고 주님의 사랑으로 온전해지면, 하나님이 할 수 있다고 말씀하신 모든 것을 할 수 있다. 한계는 무너졌다. 내가 다시 돌아온 이유는 이 땅에 가짜 뉴스가 만연해 있다는 것을 알리기 위해서다. 거짓말은 항상 방송되고 있다. 세상은 우리가 할 수 없는 것만을 이야기한다.

우리 삶에는 반드시 방향전환이 필요하다. 꾸는 자가 아닌 꾸어 주는 자가 되게 하는 반전이 있어야 한다. 꼬리가 아닌 머리가 되는 지점에 도달해야 한다. 그곳이 우리가 계명을 받는 곳이며, 하나님이 우리와 함께하신다는 사실을 사람들이 알게 되는 지점이다(신 28:12-13 참고). 예수님의 보혈과 그 이름에는 정복하는 능력이 있다.

우리가 그동안 속았다는 것을 깨닫기 시작할 때, 천국의 분위기가 풀어진다. 주님은 내가 이 땅으로 돌아가면 결코 실패할 수 없을 것이라고 말씀하셨다. 이 말은 무슨 뜻일까? 근본적 차원에서 보자면, 주님은 한 번도 실패를 생각해 본 적이 없고, 한 번도 거절을 생각해 본 적이 없으시다. 주님은 보좌에 앉으셔서 적들이 그분의 발판이 되기를 기다리고 계신다(히 10:13 참고).

하나님은 천국의 열쇠를 맡기실 정도로 우리를 깊이 신뢰하신다. "내가 이 반석 위에 내 교회를 세우리니 음부의 권세가 이기지 못하리라 내가 천국 열쇠를 네게 주리니"(마 16:18-19). 하나님은 용감한 사람들을 보내신다. 자신의 유익을 위해서가 아니라 하나님 나라를 위해 일할 사람들, 그 사람들이 하나님을 기쁘게 해드릴 것이다. 하나님의 마음에 합한 사람들이야말로 세상이 감당치 못할 사람들이다.

Receiving from Heaven

하나님은 천국의 열쇠를 맡기실 정도로 우리를 깊이 신뢰하신다.

우리가 태어나기도 전에 주님은 우리를 인정하셨다. 천국에서 내가 예수님의 눈을 들여다보고 있을 때, 주님은 이렇게 말씀하시며 웃으셨다. "케빈, 내가 너를 생각했던 때가 기억나는구나. 내가 너의 이름을 지어 주었고, 어머니 뱃속에 있는 너에게 말했단다." 예수님은 이어서 말씀하셨다. "너는 내가 생각했던 모습 그대로 되었구나."

주님은 나에게 지체하지 말고 하나님께서 사람들을 얼마나 사랑하시는지 모두에게 전하라고 하셨다. 그리고 사람들이 예수님에 대해 들은 내용이 항상 옳은 것은 아니라고 말해 주라고 하셨다. 그분은 나약하지 않으시다. 주님은 매우 강인한 사령관이시다. 주님은 우리를 사랑하셔서 우리를 위해 전쟁터에 나가셨다.

예전에 이탈리아 로마에 갔을 때, 바울이 갇혀 있다가 참수당한 곳을 방문했다. 그곳엔 옛 로마의 돌길이 원형 그대로 남아 있었다. 바울이 참수당한 곳을 본 다음 그가 갇혀 있던 감방으로 내려갔는데, 도저히 그곳에 서 있을 수 없었다. 거기에는 여전히 약 1미터 정도 되는 쇠사슬이 있었다.

그곳에 있을 때, 하나님이 나를 찾아 오셔서 말씀하셨다. "바울은 자신의 상황에 대해 설명하는 대신 감옥에서 받은 계시를 전하였다. 그 덕분에 네가 유익을 얻는 것이다." 주님은 이어서 "너도 바울처럼 너의 상황부터 말하지 말라. 타협하지 말고 하나님의 말씀을 전하라. 세대를 바꾸고 역사를 바꾸라"고 말씀하셨다. 하나님이 어떻게 우리에게 제한을 두지 않으시는지 보았는가? 우리가 이 진리를 받아들여야 천국으로부터 잘 받아 누릴 수 있다.

바울은 자신의 상황에 대해 말하지 않기로 선택함으로써 역사를 바꿨다. 만약 우리가 바울이 처했던 조건들을 보았다면, 그 상황을 이해했을 것이다. 그럼에도 바울은 자신을 행복한 사람이라고 여겼다. "오직 내가 그리스도 예수께 잡힌 바 된 그것을 잡으려고 달려가노라"(빌 3:12-14 참고). 그 후 바울은 여러 교회에 편지를 썼고, 결국 참수당했다. 그는 이렇게 말했다. "나에 대해서는 걱정하지 마라. 나를 위하여 의의 면류관이 예비되었고 주의 나타나심을 사모하는 모든 자에게도니라"(딤후 4:8 참고).

마귀가 우리 성품에 미치는 영향

나는 한 성경대학에서 학사 학위를 받았다. 이어서 주님은 나를 다른 성경훈련센터로 보내셨다. 그런데 나는 결국 우리가 특정한 교리나 사고방식에 갇힐 수 없다는 것을 배웠다. 우리는 하나님이 긍정적인 생각이나 선포 위에 계신 분이라는 사실을 망각한다.

내가 수술대 위에서 숨을 거뒀을 때, 예수님이 나를 찾아오셨다. 나는 주님을 직접 뵙고, 그분과 함께 시간을 보내면서 주님이 어떤 교파에도 속하지 않으신다는 것을 알게 되었다. 주님은 스스로 계신 분이며,

우주의 중심이시다.

Receiving from Heaven

> 예수님은 어떤 교파에도 속하지 않으시고,
> 스스로 계신 분이며, 우주의 중심이시다.

나는 45분간 주님과 함께 있으면서 그분을 더 깊이 알게 되었다. 예수님이 인격을 지니신 분임을 깨달았고, 인격에 관한 계시를 받았다. 주님은 내게 그 계시를 나누라고 하셨다. 우리는 종종 이런 식으로 말한다. "아무렴 그렇지. 그래야 샐리답지." 또는 "알다시피 원래 짐이 그렇잖아"라고 말한다. 그런데 실제로는 그렇지 않다는 사실을 깨달았다. 우리의 인격이나 성품이라고 생각하는 것이 사실은 마귀의 활동으로 인한 경우가 많다.

나의 친구 중에 방언 기도를 많이 하는 친구가 있는데, 그가 가는 곳마다 마귀들이 사람들에게서 떠나기 시작한다. 그러나 정작 그가 마귀에 눌렸을 때, 마귀를 쫓아내 줄 사람을 찾을 수 없었다. 그는 여러 목사들을 찾아 다녔는데, 그들은 전부 이런 식으로 대답했다. "글쎄요. 당신은 그리스도인이라서 귀신 들릴 수 없는데요." 그러면 그는 이렇게 대답했다. "그럼 목사님이 마귀들에게 그 사실을 말해 주세요. 저는 눌려서 벗어나지 못하고 있습니다."

1년 정도 걸리긴 했지만, 그는 결국 스스로 많은 귀신들을 쫓아냈다. 축사 사역을 믿지 않더라도, 그의 말이 녹음된 CD를 한 번 들어 보면 마귀의 억압이 떠나가는 것을 느끼게 될 것이다.

예수님과 있을 때, 나는 주님의 인격, 즉 주님께서 존재하시는 방식이 그분의 말씀과 완전히 일치한다는 사실을 깨달았다. 예수님이 말씀하시는 것이 그분의 존재 그 자체다. 주님은 자신의 말씀을 지키신다. 예수님의 성품은 감화력이 있고, 대단히 솔직하고 꾸밈이 없으시며, 스스로 무엇을 원하는지 아신다.

우리는 주님이 무슨 말씀을 하려고 하셨는지 궁금해하면서 그분을 외면하지 않는다. 우리는 주님이 우리에게 무슨 말씀을 하셨는지 알고 있다. 주님이 뭐라고 말씀하시는지 아는 이들이 모여 그렇게 운영되는 교회를 이룬다면 근사하지 않을까? 그렇게 뜻을 함께하는 곳에서는 서로를 대적하지 않는다. 서로 의견이 일치하는 곳에서는 그 분위기가 이웃 동네나 도시에 영향을 미친다. 내가 믿기로는 이것이 예수 그리스도께서 우리에게 전해 주신 성품이다.

> 그러므로 듬뿍 사랑받는 자녀들이 그 아버지를 본받듯 하나님을 본받는 자들이 되라(그의 본을 따라 하라) (엡 5:1, 확대역성경)

바울은 우리에게 하나님을 본받는 자가 되라고 말한다. 자녀로서 우리는 아버지를 본받는다. 하나님은 이 책을 읽는 동안 마귀의 영향을 받은 우리의 인격적인 부분들을 보여 주실 것이다. 그것은 우리가 귀신 들렸다는 의미가 아니다. 영적 지배 세력, 영역 권세, 그리고 귀신들은 우리에게 가까이 다가와 그들의 사고방식을 받아들이도록 영향을 줄 수 있다. 마귀들은 우리를 사로잡아 넘어뜨리고 입에 거품을 물게 할 필요가 없다. 대신 우리의 생각에 영향을 주어서 우리가 착각하여 스스로 다른 사람이라고 확신하게 만든다. 그 과정 중에 받은 영향으로 우리는 마귀들이 말하는 방식대로 행동하게 된다. 그런데 우리는 그것이 우리의 성품이라고 착각한다.

내가 이런 이야기를 하는 이유는 천국이라는 전혀 다른 차원에서 그것을 보았기 때문이다. 예수님은 나를 어느 식당으로 데려가셨는데, 사람들은 테이블에 앉아 있었고 식당은 만석이었다. 자세히 보니 식당 안에 있는 모든 사람 옆에 귀신이 하나씩 서 있었다. 귀신이 사람에게 더 가까워질수록 그 사람은 더욱 그 귀신처럼 보였다. 심지어 그들은 귀신들의 손동작과 특징들을 똑같이 따라 하기 시작했다.

시간이 지나자, 사람들은 마치 꼭두각시처럼 보였다. 귀신들이 어떤 동작을 하면, 그들은 그것을 똑같이 따라 하였다. 그 광경은 매우 기괴했다. 나는 귀신들이 사람들의 몸과 마음속에 자신들을 욱여넣으려 하는 것을 보았다. 그들은 우리가 이런 사실을 알게 되는 것을 원하지 않는다.

예수님과 함께 있으면서 내 성품이 나를 처음 생각하시고 창조하신 분의 계획에 기초해야 한다는 것을 깨달았다. 천국 방문으로 내가 케빈이 아닌 전혀 다른 사람이 된다는 말이 아니다. 매번 20분 늦거나 거짓말하지 않게 된다는 말이다. "그래야 찰리답지. 그는 항상 늦어." 우리는 이런 식으로 말하지 말아야 한다. 찰리는 늦게 와야 하는 사람이 아니며, 원래부터 거짓말을 하거나 훔치는 사람도 아니다.

내가 일했던 사우스웨스트 항공사에서는 무언가를 훔치거나 근무 시간을 지키지 못하면 해고당한다. 30초 지각하면 1,200불의 벌금이 부과되고, 세 번 지각하면 해고된다. 그렇게 많은 이들이 떠났다. 그들은 모두 좋은 사람들이었지만, 지각하는 습관을 버리지 못했다. 비행기에 탑승한 175명의 승객이 지각한 직원이 나타나기만을 기다리고 있다면, 그것은 일이 제대로 돌아가는 것이 아니다.

그것은 우리의 성품이 아니다. 때로는 마귀의 활동으로 그렇게 되는 경우도 있다. 마귀의 공격으로 계속 지각하여 좌절하게 만들 수도 있다. 할 일이 산더미처럼 쌓여 있으면, 우리는 어디론가 도망가 버리고 싶어진다. 모든 것이 우리에게 불리하게 전개되면서 마치 우리가 실패자이며, 아무것도 할 수 없는 사람이라는 것을 증명하려는 것 같다.

귀신들은 우리에게 배치되어 계속 실패하게 만든다. 그들은 자신들의 생각을 우리에게 이야기하고, 그 생각을 증명하겠다며 상황을 우리에게 불리하게 조장한다. 나는 29년 동안 줄곧 한 시간 일찍 출근했지만, 그렇다고 그에 대한 특근수당을 받지는 않았다. 마귀가 어떻게 공격하든지 상관없었다. 폭풍이 오거나 차가 고장 났을 때마다 마귀가 웃었겠지만, 나는 변함없이 맡겨진 일을 성실하게 수행하였다.

그리스도인으로서 우리는 하나님의 말씀과 능력, 그분의 지식으로 가득 차 있다. 만약 우리가 아직도 하나님을 닮지 못했다면, 그것은 우리가 전쟁 중이기 때문이다. 마귀가 우리를 차지하려고 싸움을 걸어오기 때문이다. 그들이 우리 영 안으로 침투해 들어와 직접 조종할 수는 없지만, 우리가 하나님의 뜻을 거스르는 일을 하도록 심리전을 벌일 것이다.

누군가 나에게 이런 말을 좀 더 일찍 해주었더라면 좋았을 텐데, 오히려 그리스도인이라면 귀신 들릴 수 없다는 말만 들었다. 성경은 이렇게 말한다. "너를 치려고 제조된 모든 연장이 쓸모가 없을 것이라"(사 54:17). 믿는 자들은 모든 성경 말씀을 선포하지만, 조금도 나아지지 않는다. 예수님을 조종할 수는 없다. 예수님은 '스스로 계신 하나님'이시다.

Receiving from Heaven

그리스도인으로서 우리는 하나님의 능력과 말씀, 그분의 지식으로 가득 차 있다.
만약 우리가 아직도 하나님을 닮지 못했다면,
그것은 우리가 전쟁 중이기 때문이다.
마귀가 우리를 차지하려고 싸움을 걸어오기 때문이다.

우리가 예수님께 "저는 믿었지만, 치유받지 못했습니다"라고 말한다면, 주님은 바로 이렇게 대답하실 것이다. "내 피는 충분했다. 내 등에 난 채찍 자국도 충분했다." 주님은 이렇게 응수하실 것이다. 우리는 2천 년 전에 치유받았다. 사실 우리는 세상의 기초가 놓이기도 전에 치유되었다. 예수님이 세상의 시초부터 죽임 당하셨기 때문이다(계 13:8 참고).

우리가 "제가 마귀에게 떠나가라고 했는데도 떠나지 않았습니다"라고 한다면, 예수님은 "내 이름은 전능이다. 내 이름으로 충분하다. 따라서 마귀들은 즉시 떠나야 한다"고 말씀하실 것이다.

내가 예수님을 만났을 때, 그분은 사람들이 말하던 것과 전혀 다른 분이었다. 예수님은 모든 일을 전략적으로 하시고, 모든 말씀을 충분히

숙고해 보신 후에 하신다. 그분은 의미 없는 말씀을 단 한 마디도 하지 않으신다. 그리스도인이라 자처하는 사람이 우리에게 거짓말을 하거나, 우리 것을 훔치거나, 약속을 지키지 않을 때, 그것은 분명 마귀의 역사다. 하나님은 말씀하신 대로 행하시는 분이기 때문이다. 그분은 언제나 먼저 생각하고 행하신다. 이것이 그분의 성품이다.

그리스도인들은 너무나 자주 가치 없는 것들에 집중하면서도 그 사실을 깨닫지 못한다. 그것이 그저 일반적인 사람들의 성향이라고 생각하게 만드는 것이 마귀의 공격 중 하나이다. 사람들은 벽에 걸린 그림이 비뚤어졌다거나 제대로 된 것이 없다고 지적한다. 그들은 교회 바닥에 카펫이 없는 것을 보고는 믿지 못할 일이라고 불평한다. 그러나 천 년 후에는 그런 것이 전혀 문제 되지 않을 것이다. 그리고 어차피 우리는 카펫 때문에 교회에 가는 것도 아니다. 다른 차원을 접해 보고 싶어서, 하나님의 말씀을 듣고 싶어서 간다.

사람이 얼마나 비판적일 수 있는지 우리는 안다. 그러나 우리가 승리하고 열매 맺는 존재가 되기 위해서는 하나 되어야 하고, 사랑 안에서 행하며, 자신보다 다른 사람을 더 귀히 여겨야 한다(빌 2:3 참고). 물론 이것은 쉽지 않은 일이다. 모든 것이 우리의 관심을 끌기 위해 경쟁하고 있기 때문이다. 전 세계적으로 얼마나 많은 사람들이 굶주리고 있는지, 그리고 그들이 하늘 아버지를 위해 어떻게 헌신하게 될지 들을 때, 우리는 겸허해질 수밖에 없다.

소정의 헌금이 들어와야만 사역을 하거나 방에 특정 생수 혹은 특제 커피가 준비되어야만 사역하는 사람이 되어서는 안 된다. 그런 상태는 이미 사역자의 자격을 상실한 것이다. 우리에게는 하나님의 음성을 듣기 원하는 자들이 있다. 큰 사역이 일어날수록 치러야 하는 대가는 더 커진다. 왜냐하면 더 큰 사역은 그만큼 더 많은 나라에 더 큰 영향을 미치기 때문이다. 하나님이 그 일을 일으키고 계신다.

내 친구가 온갖 귀신의 영향으로부터 벗어나 이전의 모습을 되찾기까지 몇 년이 걸렸다. 귀신들이 그의 성품에 영향을 미쳤기 때문이다. 현재 그는 매우 능력 있는 사역자가 되었지만, 이전에는 자신이 누구인지 알지 못하는 지경에 이르렀었다. 귀신들이 그의 성품과 마음의 일부가 되어서 자신이 누구인지를 발견하는 데 오랜 시간이 걸렸다. 하나님이 그에게 의도하셨던 성품은 천천히 드러나기 시작했다.

> 예수께서 이르시되 내가 곧 길이요 진리요 생명이니 나로 말미암지 않고는 아버지께로 올 자가 없느니라 (요 14:6)

하나님은 모든 세대에 지도자들을 세우신다. 그리고 그들을 찾아가셔서 그들이 할 수 없는 일을 하라고 명령하신다. 그리고 우리에게도 그렇게 하신다. 하나님이 우리를 불로 만지시면, 그 불의 영향으로 우리가 기준치가 높은 세대로 변화되기 시작한다. 우리는 그 불을 유지해야 한다. 환경이 우리에게 영향을 주는 것이 아니라 우리가 환경에 영향을 줄 수 있어야 하기 때문이다.

악한 영들은 허락 없이 사람의 몸에 들어갈 수 없다. 바울의 글을 보면, 그가 어떻게 성령에 사로잡혔는지 알 수 있다. 바울은 내가 본 것보다 더 많은 것을 보았다. 그는 우리가 육신에 굴복할 수 없다는 사실을 강조했다. 사악한 마법을 육신의 일로 열거하기도 했다. 나는 마녀들이 두렵지 않다. 그들은 나를 어떻게 다뤄야 할지 모르며, 그들이 보내는 귀신들마다 다 상처 입고 기진해서 돌아가기 때문이다.

내가 귀신들에게 권세를 발휘하는 이유가 천국에 갔다 왔기 때문이라고 생각하는가? 죽어서 천국에 가보면, 우리가 거듭나는 순간 우리의 영이 이미 천국에 갔었다는 사실을 알게 될 것이다(엡 2:6 참고). 우리의 영은 실제로 그곳에 속해 있고, 이 땅을 잠시 방문하고 있는 셈이다. 베드로는 우리가 이 땅에서 이방인과 같다고 말한다. 우리는 이 세상에서 나그네이고 거류민이다(벧전 2:11 참고). 세상은 결코 우리가 마땅히 받아야 할 수준으로 우리를 대접해 주지 않을 것이다.

귀신은 절대 그리스도인에게 들어갈 수 없다. 그리스도인이 성령 안에서 봉인되었기 때문이다. 그런데 그들은 우리를 무뎌지게 하여 우리의 생각이나 성품에 영향을 줄 수는 있다. 나는 지금 지옥에 가기로 작정된 사람들이 아닌 천국에 갈 사람들에게 말하고 있다. 그러나 그중 오직 소수의 사람들만이 환경에 영향받지 않고, 도리어 환경에 영향을 준다.

귀신은 절대 그리스도인에게 들어갈 수 없다.
그리스도인이 성령 안에서 봉인되었기 때문이다.
그러나 그들은 우리를 무뎌지게 하여
우리의 생각이나 성품에 영향을 줄 수는 있다.

성령께서 우리의 성품을 장악하실 때 발생하는 영향력이 있다. 그럴 때 우리는 다른 차원의 사람이 된다. 매우 담대해지고, 자신감을 갖게 되며, 누가 묻더라도 확신을 가지고 대답한다. 그리고 결정해야 할 때에 과감하게 결정을 내린다. 마음속으로 미리 무엇을 하고, 어디로 갈지 결정한다. 우리가 내리는 결정은 그리스도 안에 있는 우리의 최종 목적에 근거한 것이다.

이미지 전쟁

천국에 있을 때, 나는 모든 TV 프로그램과 미디어가 우리를 조장 및 프로그램화하여 모든 일에 대해 드라마처럼 느끼게 만들고, 존재하지 않는 것까지 창조해 내는 것을 보았다. 우리는 아무것도 없는 인생에서 어떻게 드라마 같은 인생을 만들어 낼지 배우고 교육받아 왔다. 인간은 몸에서 분비되는 화학물질에 중독된다. 아드레날린같이 기분 좋게 만드는 다양한 화학물질에 중독되는 것이다. 이런 도취 경험은 심지어 우리의 사고 과정에도 영향을 미친다.

초등학생 시절, 나는 백만장자가 되는 꿈을 꾸곤 했다. 한번은 사업가인 척 가짜 돈을 사서 여행 가방에 가득 채워 학교에 가지고 간 적도 있다. 나는 할머니 댁에 가서 음식을 얻어와야 하는 경우가 많았다. 한 부대에 25센트씩 받고 사과를 따기도 했고, 펜실베니아에서는 시간당 3

불씩 받고 건초를 다듬기도 했다. 집안 형편이 어렵진 않았지만, 나는 열세 살 때부터 일을 시작해서 쉰다섯 살에 사우스웨스트 항공사에서 은퇴했다.

천국에 갔을 때, 예수님은 이렇게 말씀하셨다. "네가 돌아가기로 동의했으니 너는 실패할 수 없다. 내가 너와 함께할 것이며, 네가 필요로 하는 모든 것을 확실히 받을 것이다. 내가 너를 위해 모든 것을 공급할 것이다."

잠시 백만 달러가 들어 있는 가방을 열었을 때의 기분을 생각해 보라. 그 백만 달러가 내 것이라고 상상해 보라. 그 기분은 화학반응에 의한 것이다. 지금 엔돌핀이 몸에서 분비되고 있는 것인데, 그 엔돌핀이 우리의 사고 과정의 결과로 생겨나기 때문이다.

우리가 마음속으로 무엇이든 상상하면, 몸이 그것에 편승하여 우리가 실제로 그런 환경 속에 있는 듯한 감정을 만들어 낸다. 그래서 예수님은 이렇게 말씀하셨다. "나는 너희에게 이르노니 음욕을 품고 여자를 보는 자마다 마음에 이미 간음하였느니라"(마 5:28). 우리 몸은 생각에 반응한다. 몸이 생각을 개별적으로 분석하는 것이 아니다. 이처럼 우리가 처한 전쟁은 상상력에 관한 것이다.

Receiving from Heaven

우리가 마음속으로 무엇이든 상상하면, 몸이 그것에 편승하여 우리가 실제로 그런 환경 속에 있는 듯한 감정을 만들어 낸다.

사람들이 부지런히 바벨탑을 쌓고 있을 때, 하나님께서 보좌에서 내려오셨다(창 11:1-9 참고). 삼위일체 하나님은 땅으로 내려가서 사람들을 혼잡하게 하지 않으면, 그들이 상상하는 것은 무엇이든 할 수 있게 되어 아무것도 그들을 막지 못할 것이라는 데 동의하셨다. 그들이 너무 악해서 반드시 막아야 했다.

우리의 몸 안에 있는 화학물질은 우리의 상상으로 생겨나서 분비된다. 하나님이 우리를 그렇게 만드셨다. 그분의 형상대로 우리를 지으셨기 때문이다. 하나님은 무언가 생각하시고 그것을 말씀하신다. 그분은 말씀으로 세상을 만드셨다. 그런 이유로 예수님이 "이 산더러 들리어 던져지라 하며 그 말하는 것이 이루어질 줄 믿고 마음에 의심하지 아니하면 그대로 되리라"(막 11:23)고 말씀하신 것이다. 주님은 말씀으로 세상을 창조하셨다.

육체는 우리가 생각하는 모든 것을 개별적으로 분석하지 않는다. 우리의 몸은 화학물질의 분비에 따라 우리가 생각하고 있는 것에 관한 현실적 각본을 제공한다. 그렇기 때문에 우리는 어떻게 사고 과정을 통해 성품이 형성되느냐에 주의해야 한다. 사람들은 마귀적 존재들이 성경적이지 않은 방식을 믿게 만들 수 있다는 사실을 이해하지 못한다.

하나님이 어느 억만장자에게 140만 달러를 우리 부부에게 남겨 주라고 말씀하셨다. 그녀는 세상을 떠나면서 그 돈을 우리에게 남겨 주었다. 돈이 든 서류 가방을 여는데, 초등학생 시절에 느꼈던 감정이 나를 엄습했다. 이렇게 말하는 이유는 당시 내 몸에서 일어나는 화학반응으로 인한 기분이 그때와 정확하게 일치했기 때문이다. 내가 어릴 때 품었던 감정과 똑같았고 차이가 없었다. 왜냐하면 이미 내가 그것을 상상했었기 때문이다.

아내와 나는 돈을 기부하기로 결정했지만, 그 사실을 아무에게도 말하지 않았다. 우리는 새 차를 사지도 않았다. 언덕을 내려갈 때에도 최고 속도가 시속 72킬로미터인 낡은 차를 계속 타고 다녔다. 새 옷을 사지도 않았고, 아무것도 바꾸지 않았다. 여전히 교회에 다녔고, 다른 교회들에 십일조를 드리기도 했다. 가난한 사람들을 돕고 사람들에게 몰래 물건을 나눠 주었다. 박해를 피해 탈출한 난민들을 위해 아파트를 마련하고 가구와 음식을 제공했다. 그 일은 참으로 영광스러웠다.

나는 아내에게 말했다. "캐티, 주님이 나를 이 땅으로 돌려보내셨고, 모든 것이 나에게 유리하게 되어 있어서 난 실패할 수가 없어요." 번영에 대한 나의 인식은 완전히 달라졌다.

어느 날 캐티와 내가 교회에 갔는데, 그곳에 예언자가 있었다. 우리가 자리에 앉자, 그는 설교를 멈추고 우리에게 일어서라고 하더니 방금 들어온 백만 달러에 대해 예언하기 시작했다. 그는 주님께서 그 다음에 우리에게 주실 백만 달러에 대해서도 이야기했다. 두 번째 백만 달러가 들어오기까지 몇 년이 걸리긴 했지만, 결국 들어왔다.

나는 그 돈을 얻기 위해 노력하지 않았다. 사실 그렇게 할 수도 없었다. 나는 승무원이었고, 내 아내는 미용사였다. 그런 일이 일어난 것은 사고방식이 형성되는 것과 관련이 있었다. 그래서 이것을 이해하는 것이 매우 중요하다. 하나님은 재정 공급에 대한 우리의 사고방식을 바꾸고 계셨다. 주님은 우리의 비전을 위해 공급하신다.

현재 빚이 있다면, 하나님께 진 빚인가, 아니면 세상 시스템에 빚진 것인가? 우리는 하나님께는 빚이 없다. 주님이 십자가에서 그의 피로 이미 값을 치르셨기 때문이다. 영적으로 우리는 용서받았고, 우리 삶을 제외하고는 하나님께 빚진 것이 없다. 이미 우리 인생을 제단 위에 바쳤기 때문에 우리 삶도 우리 것이 아니지만, 그래도 괜찮다. 우리가 용서받았고 지옥에 가지 않을 것이기 때문이다.

우리는 이 땅에서 어떻게 살아야 할까? 하나님은 우리가 천국에 갈 날만을 고대하며 벙커에 숨어서 주님이 오시기만을 기다리기 원하실까? 아니면 이 땅에서 왕으로서 다스리고 지배하기 원하실까? 우리가 추수한 것을 가져오기 바라실까?

나는 그저 사람들의 생각을 바꾸었을 뿐인데, 그들의 몸에서 분비되는 화학물질이 일련의 생각을 따라오기 시작했다.

Receiving from Heaven

우리 삶을 제외하고는 우리가 하나님께 빚진 것은 없다.

나는 그저 방언으로 기도하는 그리스도인일 뿐이다

사우스웨스트 항공사에서 은퇴할 때, 회사에서 퇴직금을 이체하는

데 필요한 모든 서류를 내게 보내왔다. 기도 중에 주님은 내가 한 번도 만나 본 적이 없는 사람의 이름을 알려 주셨는데, 오늘까지도 그를 직접 만나 보지는 못했다. 그는 재정과 관련된 일을 하는 사람이었다.

그에게 전화하자, 그가 나에게 물었다. "어떻게 저를 알게 되셨습니까?" 나는 이렇게 대답했다. "저는 그리스도인입니다. 영으로 기도를 하는데, 당신의 이름이 떠올랐어요. 찾아보았더니 자산관리사이시더군요." 그러자 그가 말했다. "네. 저는 여러 사역자들의 재정을 관리합니다." 나는 그에게 이렇게 말했다. "제가 은퇴하려고 하는데, 저를 위해 그 일을 맡아 주셨으면 좋겠습니다."

내가 이 말을 하는 데는 이유가 있다. 내 생각이 하나님보다 앞서면 안 되기 때문이다. 영적 전쟁에서 우리의 생각을 따르면 승리할 수 없다. 우리는 하나님의 말씀으로 마음을 새롭게 함으로 변화되어야 한다(롬 12:2 참고). 다시 살아 돌아와 보니 모든 것이 나에게 유리하게 되어 있었다. 그래서 나는 낙담할 수 없었다. 누군가 내게 와서 "나는 이렇게 믿습니다"라고 말한다면, 나는 그것이 그 사람에게 어떻게 작용하고 있는지 물을 것이다. 나는 내가 무엇을 믿는지, 내게 무슨 일이 벌어지고 있는지 알고 있다.

자산관리사는 사우스웨스트 항공으로부터 퇴직금을 송금받은 뒤에 나에게 전화했다. 내가 가지고 있어야 할 액수보다 여섯 배나 많은 돈이 계좌에 있다며, 어떻게 된 일인지 설명해 달라고 했다. 나는 그에게 그 부분에 대해 설명했다.

업무 때문에 캘리포니아 주 버뱅크에서 지내게 됐을 때, 나는 노숙

자들에게 음식을 나눠 주었다. 퇴근 후에 저녁을 먹는 대신 금식하고, 그 돈으로 음식을 사서 노숙자들에게 나눠 준 것이다. 나는 갑절의 복을 받고 싶었다. 그래서 거리의 사람들에게 햄버거를 나눠 주고 간증을 했다.

그러던 어느 날 밤, 한 노숙자에게 햄버거를 하나 건네줬는데, 그는 하나님이 보내신 천사였다. 그 천사는 자기의 정체를 밝히고는 내게 주님의 말씀을 전해 주었다. 그는 특별히 앞으로 있을 금융시장 붕괴에 대해 알려 주기 위해 왔다고 하면서 내가 어떻게 해야 할지 알려 주었다. 나는 집으로 돌아가 캐티에게 금융시장 붕괴가 있을 것이라고 말하고 모든 재정을 빼서 단기 투자 신탁에 넣었다. 그 상품은 주식에 비해 수익이 절반이었지만, 그래도 안전했다.

2001년에 주식시장이 폭락했을 때, 내가 전에 투자했던 펀드는 80퍼센트나 떨어졌다. 얼마 후 그 펀드가 회복될 때까지 기다렸다가 다시 넣자 정상으로 올라갔다. 덕분에 나는 돈을 거의 두 배로 불렸다. 그리고 몇 년 후 그런 일이 또 일어났다.

2008년에 워싱턴 주의 시애틀에 있을 때, 또 다른 천사가 찾아와서 내 옆에 섰다. 그때는 캐티도 함께 있었다. 천사는 시장이 다시 폭락할 것이라고 알려 주었다. 그때 나는 CNBC를 시청하고 있었는데, 2008년 7월 당시 다우지수는 정점에 올라가 있었다. 그러나 나는 천사의 조언대로 노트북을 켜고 내 계좌에서 모든 자금을 빼냈다.

그해 9월에 다시 시장 붕괴가 있었다. 천사의 도움으로 위기를 넘긴 나는 그 다음 해 2월에 계좌에 다시 돈을 다 넣었다. 이런 일들은 계속

반복되었다. 그러는 내내 나는 나의 생각과 사고방식을 버리고 하나님의 뜻을 따랐다. 그렇게 해서 은퇴하고 보니, 계좌에는 내가 보유했어야 할 금액보다 여섯 배나 많은 돈이 있었다. 그리고 지금은 더 이상 일을 하지 않고 있다.

나는 투자를 탁월하게 잘 하는 사람이 아니기 때문에 무언가 특별한 일이 벌어지고 있는 것이 분명하다. 나는 마우스로 클릭하는 법은 알지만, 투자하는 방법은 모른다. 나는 투자가가 아니라 방언으로 기도하는 그리스도인일 뿐이다. 내가 천국으로부터 받아 누리는 이유는 끊임없이 방언으로 기도하기 때문이다.

Receiving from Heaven

내가 천국으로부터 받아 누리는 이유는 끊임없이 방언으로 기도하기 때문이다.

우리의 성품이 잘못된 영향을 받아 어떻게 하나님이 원하시는 일을 놓치게 되는지 이해되는가? 모세는 이스라엘 백성에게 이웃에게서 보화를 빌리라는 하나님의 말씀을 전했다. 실제로 그들이 빌린 것을 돌려줄 생각이 없었기 때문에 어떻게 보면 그것은 탈취였다. 그러나 어쨌든 그들은 그렇게 했다(출 12:35-36 참고). 그 다음에 이스라엘 백성은 열 가지 재앙 이후에 광야로 나가 예배를 드리겠다며 바로를 설득했다. 하나님이 모세와 얼굴을 대면하여 그렇게 하라고 말씀하셨던 이유는 구원의 계획이 있었기 때문이다. 400년 이상 노예생활을 한 뒤에야 선지자의 말대로 그들에게 구원이 임했다.

이스라엘 백성이 애굽에서 나올 때, 은과 금을 가지고 나왔다. 시편은 그들이 애굽의 풍요로움을 가지고 나왔다고 말한다. 그들이 광야에서 성막을 지을 때, 백성들이 가져온 예물이 너무 많아서 모세는 더 이상 가져오지 않아도 된다고 말했다. 교회에서는 언제쯤 그런 일이 일어날까? 교회의 재정이 너무 많아 목사가 더 이상 헌금하지 말라고 말한 적이 언제였던가?

나는 주님께 여쭤 보았다. "이스라엘 백성이 보석과 은과 금을 빌렸을 때, 그게 도둑질이었나요?" 그분은 이렇게 대답하셨다. "아니다. 그렇지 않다. 내 백성이 400년간 공짜로 노역했기 때문에 그것을 갚아 준 것이다." 나는 그들이 손해 본 임금을 되찾은 것이라는 사실을 깨달았다.

성경적 논란이 어떻게 우리의 생각을 바꾸는지 보았는가? 말씀의 진리를 알게 되면, 하나님이 의롭고 정의로우시며, 거룩하시고 그의 백성에게 은혜를 베푸시는 분이라는 사실을 깨닫게 된다. 성령께서 우리의 생각을 바꾸게 해 드려야 한다. 성령께서 우리의 생각을 변화시켜 주시도록 허락해 드려야 한다. 그렇게 할 수 없다면, 우리는 예수님을 만나야 한다.

내가 만난 예수님은 만민의 통치자이시다. 그래서 내 생각으로 그분을 제한할 수 없었다. 주님의 성품은 흠 없이 순전했고, 그분은 나를 제한하지 않으셨다. 내가 제한받았던 이유는 타락한 세상에서 주님의 말씀을 근거로 그분의 뜻을 올바르게 분별하지 못했기 때문이다.

하나님은 거짓말하지 않으시며, 우롱당하실 분도 아니다. 그분은 말씀하시고 행하지 않으시는 분이 아니다. 주님은 내게 주님으로부터 영적 승진이 임하고 있으며, 그것이 지금 오고 있다는 것을 사람들에게 선포하라고 하셨다. 영적 승진이 오고 있다. 그것은 세상의 기초가 놓이기도 전에 계획되었다. 그래서 우리가 하나님의 말씀을 듣고, 믿고, 붙들고, 받아들일 수 있게 되었다.

Receiving from Heaven

> 하나님께는 다름 아닌 부르심에 합당한 존재가 되기로 자원하는 사람들이 필요하다.

하나님의 말씀은 열매를 맺고, 추수를 일으키며, 총체적인 변화를 가져온다. 우리는 예수님의 사역을 해야 한다. 더 큰 사역이 영광을 통해 오고 있기 때문이다. 하나님께는 다름 아닌 부르심에 합당한 존재가 되기로 자원하는 사람들이 필요하다. 하나님은 이 세대에 표적과 기사로 자신을 보여 주기 원하신다.

하나님에게서 받는 것은 우리의 모든 지체를 완전히 순복시키는 것과 관련이 있다. 우리의 모든 것이 하나님께 순복하고, 지속적으로 하나님의 뜻에 복종해야 한다.

Chapter 5

영적 돌파를 경험하라

그러므로 너희가 그리스도와 함께 다시 살리심을 받았으면 위의 것을 찾으라 거기는 그리스도께서 하나님 우편에 앉아 계시느니라 위의 것을 생각하고 땅의 것을 생각하지 말라 (골 3:1-2)

Chapter 5
Receiving from Heaven

요한이 대답하여 이르되 만일 하늘에서 주신 바 아니면 사람이 아무 것도 받을 수 없느니라 (요 3:27)

우리가 받은 모든 것은 천국에서 비롯되었다. 천상의 영역에는 일종의 명의 이전이 있다. 변화는 영계에서 일어난다. 믿음은 우리가 믿는 것에 대한 권리증서를 영계에서 취득하여 이 땅으로 가져온다. 우리는 실체를 얻기 전에 먼저 증거를 받는다.

집을 살 때, 감정평가사에게 가서 사인을 하고 현금을 지불하면 부동산 권리증서를 받는다. 이때 권리증서를 받아 가지고 있기는 하지만, 여전히 서류 절차를 마무리하는 변호사와 함께 그 사무실에 있어야 한다. 거래를 마치면, 일단 우리에게 주택의 소유권이 넘어온다. 하지만 그 후 몇 주 동안 전에 살던 사람이 나가고 우리가 이사 들어가는 과정을 거친다. 그렇게 여러 과정을 모두 거쳐야 한다. 그러나 거래는 이미 끝났다. 이처럼 믿음은 바라는 것들의 실상이요, 보이지 않는 것들의 증거다(히 11:1).

모든 것은 천국에서 비롯된다. 나는 지금 우리 같은 영의 사람들이 영적으로 돌파하는 것을 감지한다. 내 안에는 영적 돌파의 증거가 있다. 나는 이미 영적으로 돌파했기 때문에 그 충격으로 인한 파장이 내 뒤를 따르고 있다. 물론 마귀는 그것을 잘 알고 있다.

전투기들이 소리보다 조금 더 빠른 속도로 비행하면 굉음을 낸다. 우리가 그 소리를 듣기도 전에 전투기는 이미 지나가고 없다. 음속 장벽 너머로 사라져 버린 것이다. 그 소리는 그들이 지나간 뒤에 따라온다. 우리는 그 소리를 듣기 전에 전투기를 먼저 볼 수 있다. 이것이 바로 영적으로 돌파하는 방법이다. 방금 우리가 돌파한 장벽은 우리 앞에 있지 않고 우리 뒤에 놓여 있다.

하나님은 성령 안에서 우리를 미래로 데려가실 수 있다. 그것이 우리가 꿈과 비전을 가지고 있는 이유다. 또한 주님의 말씀이 우리에게 임하고, 지식의 말씀과 지혜의 말씀을 받는 이유다. 하나님은 영으로 들어오셔서 우리 자신에 대한 생각뿐만 아니라 다른 사람에 대한 생각까지 바꾸신다. 그런데 이것은 천국으로부터 비롯된다. 반드시 명의 이전이 일어나야 한다. 그리고 하나님의 영을 의지해서 그것을 이 땅으로 가져와야 한다.

지금 영적 승진이 오고 있다. 하나님은 모든 것을 보고 계시며, 우리에 대한 모든 것을 알고 계신다. 우리는 바로 지금 돌파해야 한다. 우리가 영적 돌파에 대해 생각할 때, 우리 몸이 반응하는 것을 느낄 수 있다. 왜냐하면 우리 몸이 영적 돌파에 대비하여 화학물질을 분비하기 때문이다. 우리가 돌파하려 할 때 임하는 기분 좋은 느낌이 있다.

Receiving from Heaven

지금 영적 승진이 오고 있다.

세례 요한보다 위대한

내가 말한 바 나는 그리스도가 아니요 그의 앞에 보내심을 받은 자라고 한 것을 증언할 자는 너희니라 신부를 취하는 자는 신랑이나 서서 신랑의 음성을 듣는 친구가 크게 기뻐하나니 나는 이러한 기쁨으로 충만하였노라 그는 흥하여야 하겠고 나는 쇠하여야 하리라 하니라 (요 3:28-30)

세례 요한이 TV에 출연하여 프로듀서와 대화를 나눈다면, 다음과 같을 것이다.

"홍보할 만한 책이 있나요?"
"아뇨."

"그렇다면 설교하실 내용이 있나요?"

"하나 있어요. '회개하라! 천국이 가까이 왔다'입니다."

"방송 프로를 편성하려면 28분짜리가 필요한데, 다른 건 없나요?"

"없습니다."

"사역하면서 기적이 얼마나 많이 일어났나요?"

"하나도 없었는데요."

"무슨 일을 하시나요?"

"나는 사람들에게 세례를 주고, 하나님 안에서 올바르게 살라고 깨우쳐 줍니다."

"그럼 나중에 연락드릴게요."

물론 세례 요한은 결코 TV에 나오지 않았을 것이다. 그는 기적을 일으킨 적도 없고, 3분 설교 영상도 없고, 출간한 책도 없이 그저 회개하라고 외쳤다. 당시 영적 돌파가 일어나고 있었고, 예수님은 흥하시고 세례 요한은 쇠해야 했다(요 3:30 참고). 요한이 자신은 쇠해야 한다고 말하자마자, 예수님께서 사람들로 하여금 요한을 주목하게 하셨다. 그리고 역사상 세례 요한보다 큰 자가 없다고 말씀하셨다(마 11:11 참고).

이어서 예수님은 이렇게 말씀하셨다. "그러나 천국에서는 극히 작은 자라도 그보다 크니라." 그리스도의 몸에서 지극히 작은 자일지라도 세례 요한보다 크다. 우리에게는 소망이 있다. 변화가 있었고, 지금도 변화가 일어나고 있기 때문이다.

Receiving from Heaven

> 우리에게는 소망이 있다.
> 변화가 있었고, 지금도 변화가 일어나고 있기 때문이다.

천국에서는 모든 것이 주기cycle에 따른다. 우리는 이 땅에서 천체 주기가 표시된 그리스력에 따라 살아가고 있다. 그러나 그것은 하나님의 시간표가 아니다. 하나님이 말씀하시면, 말씀이 시작되는 곳에서 끝이 나게 된다. 하나님이 어머니의 태에 우리의 생명을 불어넣어 주셨다. 그러므로 우리는 바로 그 자리에 서서 우리의 삶을 청산해야 할 것이다. 그것이 주기이기 때문이다.

예수님은 나를 수술실로 데려다 주시고는 떠나가시다가 다시 돌아오셔서 매우 중요한 것을 말씀해 주셨다. 주님은 미소를 지으시며 영광스러운 문을 통과하셨다. 나는 내가 정확히 몇 살에 죽을지 알았고, 그 문을 통과해서 주님 바로 뒤에 있게 될 것도 알았다. 그 일이 일어나는 데 1분 30초밖에 걸리지 않을 것이다.

그로부터 나는 26년을 더 살았고, 앞으로 훨씬 더 오래 살 것이다. 내가 영광의 문을 통과해서 천국에 가면, 주님 뒤에 설 것이다. 주님께서 나를 돌아보시고, 다시 미소 지으실 것이다. 예수님은 이렇게 말씀하실 것이다. "네가 오기로 결심했구나." 천국에서는 시간이 흐르지 않을 것이기 때문이다. 모든 것이 우리에게 유리하게 되어 있다.

우리는 하나님이 어떻게 이 모든 일을 하실 수 있는지 궁금해한다. 하나님은 어떻게 이 세상의 모든 사람을 다 찾아가서 말씀하시고, 도우실 수 있을까? 예수님은 어떻게 다른 사람을 방문하시면서 동시에 나를 방문하실 수 있을까? 만약 우리가 천국에서 보좌 앞을 가로질러 가게 된다면, 하루 정도가 걸릴 것이다. 그만큼 크기 때문이다.

하나님께서 세상을 만드시는 데 지구 시간으로 7일이 걸렸다. 6일 동안 천지를 창조하시고, 7일째 안식하셨다(창 1, 2장 참고). 사실 하나님께는 휴식이 필요 없었으나 우리를 위해 그렇게 하셨다.

나는 천국에서 예수님이 이 땅에 있는 누군가와 이야기하시는 것을 보았는데, 동시에 다른 곳에서 다른 사람과도 이야기하셨다. 그런 후 그분은 내 뒤에 계셨는데, 어떻게 오셨는지 모르겠다. 하나님은 우리의 사고 속에 정해 놓은 모든 한계를 전부 깨뜨리신다.

Receiving from Heaven

> 하나님은 우리의 사고 속에 정해 놓은 모든 한계를 전부 깨뜨리신다.

천국에 있을 때, 주님은 내가 다시 이 땅으로 돌아와서 만나야 할 열두 명을 보여 주셨다. 그들을 모두 만나는 데 22년이 걸렸지만, 나는 그들의 이름과 그들에 관한 모든 것을 알고 있었다. 나는 그들을 비행기와 가게, 그리고 다른 주에서 만났다. 내가 그들의 이름을 부르면, 그들은 이렇게 대답했다. "저는 당신에게 이름을 알려 준 적이 없는데 어떻게 아세요?" 내가 그들에게 간증을 하자, 그들 모두가 구원받았다. 주님은 구원도 받지 못한 사람들을 위해 나를 돌려보내신 것이다.

나는 몇 달 동안 꿈에서 갔던 나라에 실제로 가본 적이 있다. 꿈속에서 그 나라에 가 있는 내 모습을 보기도 하고, 거리의 이름도 알았으며, 그 다음에 무슨 일이 일어날지도 알고 있었다. 한번은 캐티와 함께 독일에 갔는데, 한 번도 가 본 적이 없는데도 그 지역의 모든 거리를 다 알고 있었다. 이미 꿈속에서 영으로 그곳을 체험했기 때문이다. 남아프리카 공화국 꿈을 꾼 다음에는 캐티에게 그곳에 가게 될 것이라고 말했다. 실제로 그 나라에 가기까지는 6개월이 걸렸다. 호주도 같은 식으로 가게 됐는데, 그곳 사람들에게서 연락을 받기까지 거의 2년이 걸렸다.

돌파는 천국에서 임하고, 천국에서 시작된다. 그것은 믿음을 통해, 곧 하나님과 우리의 관계를 통해 이 세상에 들어온다. 하나님이 우리의 세계를 만들어 가시는 것이다. 영적 돌파는 우리가 무엇을 생각하느냐와 관계없다. 하나님의 말씀을 토대로 무엇을 얼마나 알고 있느냐의 문제다.

> 위로부터 오시는 이는 만물 위에 계시고 땅에서 난 이는 땅에 속하여 땅에 속한 것을 말하느니라 하늘로부터 오시는 이는 만물 위에 계시나니 그가 친히 보고 들은 것을 증언하되 그의 증언을 받는 자가 없도다 (요 3:31-32)

Receiving from Heaven

돌파는 믿음을 통해, 곧 하나님과 우리의 관계를 통해 이 세상에 들어온다.

본문은 우리 주 예수 그리스도의 영역, 곧 세계에 대해 이야기한다. 하나님이시면서 동시에 초자연적인 사람이 바로 성경에 나오는 예수님이시다. 예수님은 아직도 육신을 지니고 계시며, 천국의 보좌에 앉아 계신다.

예수님은 우리와 똑같이 연약해지셨으나 우리를 위해 마귀를 이기시고, 천국의 열쇠를 우리에게 맡겨 주셨다. 주님은 나중에 우리와 다시 만날 것이라고 하셨다. 우리가 예수님을 기다리는 동안, 주님은 우리에게 보혜사를 보내 주셨다(요 14장 참고). 예수님은 보혜사 성령님이 주님 같은 분이며, 그 성령께서 복을 베풀어 주실 것이라고 하셨다.

성령님이 언약과 복을 주시는 분이라는 사실을 알고 있었는가? 우리 안에 계신 성령께서는 말 그대로 변호사이시고, 지지자이시며, 보혜사이시다. 그분은 "아니다. 말씀에 그렇게 기록되어 있기 때문에 우리는 그 일을 이렇게 하지 않을 것이다"라고 말씀하신다. 성령님은 우리의 환경 속으로 들어오는 모든 잘못을 끊임없이 바로잡아 주신다. 성령님은 역사를 바꾸시기에 역사적인 분이시다. 그러므로 우리는 삶으로 역사를 써 나가야 한다.

한번은 주님께서 내게 백지수표를 주시며 이렇게 말씀하셨다. "액수를 적어라. 내가 너를 거절할 수가 없구나. 내가 너를 살 것이다. 나는 너의 모든 것을 원한다." 그것이 우리의 인생을 바꿀 것이다. 주님은 내게 백지 한 장을 주시며 내 삶을 향한 주님의 계획을 적어 보라고 하셨다. 나는 영으로 기도하면서 그것을 통변했다. 그리고 성령께서 나를 통해 예언하신 것을 적어 내려갔다. 내가 그렇게 할 때마다 그 모든 일이 다 일어났다. 나는 포도나무에 붙어 있는 가지일 뿐이다(요 15장 참고).

지지자이자 변호사이신 성령께서 기도를 도우실 때에는 악한 것을 구할 수 없다. 성령께서 이렇게 말씀하실 것이다. "아니다, 너는 가서 이렇게 말하게 될 것이다. 그렇게 말하지 말아라, 그렇게 응수하지 마라." 이것이 바로 변호사들이 하는 일이다. 변호사들은 우리를 대신해 대답을 준비한다.

내가 하나님의 뜻을 적고 그것이 다 이루어졌을 때, 주님께 이렇게 여쭀다. "왜 주님은 제가 그렇게 하기 원하셨나요?" 예수님은 이렇게 대답하셨다. "내가 신뢰할 수 있을 만큼 네가 성숙했기 때문이다."

주님은 우리를 신뢰하시기에 우리에게 모든 것을 주셨고, 직접 우리에게 투자하셨다. 이제 우리는 회개에 합당한 열매를 맺어야 한다(마 3:8 참고). 우리는 세상을 멀리하고, 오직 예수님을 바라보고 그분께만 집중해야 한다. 이미 세상에서 돌아섰는데도 당신의 관심을 사로잡는 것이 있다면, 즉시 회개하고 주님께 고개를 돌려야 한다. 하나님의 영은 우리에게 조언하시고, 우리가 해야 할 일을 말씀하신다.

Receiving from Heaven

> 주님은 우리를 신뢰하시기에 우리에게 모든 것을 주셨고,
> 직접 우리에게 투자하셨다.
> 이제 우리는 회개에 합당한 열매를 맺어야 한다.

주님은 내게 《모든 것이 당신에게 유리하게 되어 있다》It's Rigged in Your

Favor라는 책을 쓰게 하셨다. 나는 그 책에서 이렇게 질문하며 도전했다. "당신이 실패할 수 없다는 것을 안다면, 내일 무엇을 할 것인가?" 그것은 천국으로부터 영적 돌파가 임했다는 사실을 깨닫지 못하고, 매일 실패에 대한 두려움에 사로잡혀 결정을 내리고 있는 우리에게 도전하는 말이다.

세례 요한의 사역은 천국으로부터 왔다. 그리고 자신이 물러나 쇠해야 할 때가 되자, 그렇게 했다. 그는 헤롯에게 회개를 촉구하고는 죽임을 당했다. 세례 요한은 예수님이 전면에 등장하실 수 있게 길을 닦았다.

예언의 영

세례 요한의 뒤를 이어 예수님이 등장하셨다. 그것은 완벽한 타이밍이었다. 예수님은 3년 반 동안 사역하시며 최선을 다하셨는데, 결국 사람들이 그분을 십자가에 못 박았다. 그 후 제자들이 세상으로 나가 사역했는데, 그들도 죽임을 당했다. 그런 가운데 예루살렘 교회는 몇 주 만에 수천 명으로 늘어났다. 무슨 일이 일어나든지 하나님 나라는 계속 번창했다. 지옥의 문은 교회를 이길 수 없었다.

복음의 좋은 소식은 여러 나라로 퍼져갔고, 그것을 받은 사람들은 말씀을 굳건히 붙들었다. 그 후 일부 신자들이 메이플라워호를 탔는데, 거기서 30명 이상의 사람들이 하나님과 언약을 맺었다. 그들은 이 땅

미국을 하나님께 바치겠다는 서약서를 썼다. 그리고 하나님은 지금까지도 그 언약을 존중하고 계신다. 온 나라가 그 언약에 영향을 받았다.

이야기는 엘리야, 에녹, 모세, 세례 요한, 예수님, 사도들, 그리고 초대 교회의 성도들 같이 순종하는 자들에게까지 거슬러 올라간다. 그들은 매 맞고, 돌에 맞고, 감옥에 갇혔다가 풀려나고도 곧장 돌아가서 다시 복음을 전하기 위해 기도하였다. 그들은 즉시 광장으로 돌아가서 다시 예수님을 증언하였다. 핵심은 예수님을 증언하는 것이다. 그것이 예언의 영이기 때문이다.

> 내가 그 발 앞에 엎드려 경배하려 하니 그가 나에게 말하기를 나는 너와 및 예수의 증언을 받은 네 형제들과 같이 된 종이니 삼가 그리하지 말고 오직 하나님께 경배하라 예수의 증언은 예언의 영이라 하더라 (계 19:10)

우리가 예언의 영에 순복할 때, 하늘의 돌파가 임하면서 우리 가정과 직장, 교회 등에 풀어진다. 그때 기도하면, 우리 자신에게 명령하는 것이며, 단순히 기도하기 위해 기도하는 것이 아니다. 천국으로부터 받아 누리기 원하는가? 그렇다면 이틀 동안 골방에 있어도 괜찮다고 주님께 말씀드려라.

나는 기도 동역자와 그렇게 기도했다. 우리는 끈질기게 기도하는 자리로 나아갔다. 공격적으로 열정을 가지고 기도했고, 그 기도는 거절되지 않았다. 사탄은 공격적인 그리스도인을 원하지 않기 때문에 우리는 적극적으로 임해야 한다. 기도의 골방에 들어가기로 결단하고 이렇게 선포하라. "천국으로부터 받을 때까지 나오지 않을 것이다!"

찰스 피니의 동역자였던 내쉬 형제는 기차를 타고 하나님이 목표로 삼으신 도시로 미리 가서 거처를 마련한 뒤 그곳에서 기도하였다. 그는 매일 창밖을 보면서 사람들이 자기 방 창문을 지날 때 쓰러지는지 확인했다. 찰스 피니가 전보로 아직 그 도시에 가려면 더 기다려야 하는지 물으면, 내쉬 형제는 "아직입니다"라고 답하고는 계속 기도했다.

내쉬 형제는 그 동네 사람들이 여전히 술집으로 들어가면 그냥 계속 기도했다. 그는 문 앞에 감자가 가득 담긴 자루가 떨어지는 소리가 들릴 때까지 기도했다고 한다. 지나가던 사람이 그가 머물던 집 문 앞에서 쓰러지고 사람들이 더 이상 술집에 가지 않는 것을 확인한 다음에야 내쉬는 찰스 피니에게 '이제 올 때가 되었다'고 전했다. 그런 상황에서 찰스 피니가 오면, 사람들은 부흥을 경험하였다. 내쉬 형제는 이렇게 여러 도시를 다니며 기도하였다. 내쉬 형제가 죽자 부흥도 멈췄다.

찰스 피니는 로스쿨을 졸업하고 개인 사무실을 열려고 준비 중인 변호사였다. 어느 날, 그가 두 나무 사이에서 서성이며 기도하고 있는데, 주님이 그에게 변호사 일을 그만두고 목회자가 되라고 하셨다. 그는 모든 것을 포기하고 성령님께 순복하면서 이렇게 말했다. "우리가 부흥하리라 생각하시는 거 맞지요, 그렇지요?"

찰스 피니가 치러야 했던 대가는 매우 컸다. 그는 앞으로 나아가고 있었지만, 영적 돌파는 천국에서 임해야 했다. 그와 같은 것이 지금 우리에게 임하고 있다. 천국의 차원은 부흥이 하나님의 뜻인 줄 알고 그것을 구한 찰스 피니를 통해 왔다. 그러므로 우리도 그것에 대해 담대할 수 있다.

하나님께 그렇게 해 달라고 말하는 것이 아니다. 주님이 나에게 그것을 원하신다는 것을 그리고 언제 그 일을 행할지 말씀해 주신다는 것이다. 나는 예수님의 성품이 "우리가 준비되었다"는 것을 말해 준다는 사실을 깨달았다. "우리는 이 땅에 있고 준비되었다. 그러니 기다리지 말라." 천사들이 얼마나 여러 번 나에게 와서 이렇게 말했는지 안다면, 내 말을 더 잘 이해할 것이다. 우리 주위에 있는 천사들은 우리를 위해 사역하도록 보냄을 받았다.

하나님의 천사들은 패배를 모르며, 우리가 실패하리라고 생각하지도 않는다. 그들은 하나님의 계획을 알고, 우리를 통해 하나님 나라를 전하며, 하늘의 영광을 나타내기 위해 노력한다. 천사들은 우리로 하나님의 영에 순복하게 하기 위해 일하며, 우리의 모든 길을 평탄하게 하고 있다. 그들은 우리가 하나님의 일을 행하거나 그분의 말씀을 전하기를 기다리고 있다. 그렇게 하여 하나님의 영광이 드러나게 한다. 왜냐하면 주님은 마귀의 일을 멸하러 오셨기 때문이다.

Receiving from Heaven

하나님의 천사들은 패배를 모르며, 우리가 실패하리라고 생각하지도 않는다.

생명은 하나님의 보좌에서 시작되고, 지음 받은 모든 사람의 영은 하나님의 호흡에서 비롯되었기 때문에 그냥 사라지지 않는다. 하나님은 영을 멸하실 수 없다. 사람의 영이 그분의 일부이자 창조의 일부이기 때문이다. 그분은 천사도 그냥 사라지게 하실 수 없다. 주님은 그들을 결박하여 불 못에 던져 넣으실 수 있지만, 마귀와 귀신들은 언제나 존재할 것이다. 왜냐하면 하나님이 무언가 창조하실 때, 그것이 그분으로부터 나오기 때문이다.

마귀가 문제인 이유는, 타락한 천사들이 그들의 거처뿐 아니라 경계를 벗어나 사슬에 묶인 채 계속 활동하기 때문이다(유 1:6 참고). 인간의 영은 사라지지 않고 영원히 존재하면서 일부는 지옥의 쇠사슬에 묶이고, 일부는 우리 모두가 속한 천국에서 살 것이다.

> 또 자기 지위를 지키지 아니하고 자기 처소를 떠난 천사들을 큰 날의 심판까지 영원한 결박으로 흑암에 가두셨으며 (유 1:6)

∴
돌파하는 기도

태초에 하나님이 만드신 모든 것이 다 좋았다. 하나님은 회복과 공급에 대해 이런 생각을 가지고 '영적 돌파'나 '임파테이션' impartation 같은 단어들을 사용하신다. 세상이 완벽하다면 번영, 건강, 인도, 하나님의 음성 듣기에 대해 배울 필요가 없을 것이다. 우리가 에덴에서 살고 있다면, 그것들 중 어느 것도 알 필요가 없고, 이 책을 읽을 필요도 없을 것이다. 에덴에서는 하나님이 직접 나타나셔서 말씀하시곤 했다. 그곳에서는 지금 우리처럼 어려움에 처하지 않을 것이므로, 전혀 다른 차원의 이야기가 펼쳐졌을 것이다.

하나님은 그분의 완벽한 뜻이 존재하는 천국을 이 땅에서 경험하게 해주신다. 이런 일이 일어남으로 우리는 영적 돌파를 경험한다. 주님은 우리에게 이렇게 기도하라고 가르치셨다. "하늘에 계신 우리 아버지여, 이름이 거룩히 여김을 받으시오며, 나라가 임하시오며, 뜻이 하늘에서 이루어진 것 같이 땅에서도 이루어지이다"(마 6:9-13 참고).

우리가 실제로 그렇게 기도하기 시작하면, 박해를 많이 받게 될 것이다. 사람들은 우리에게 극단적이라고 할 것이다. 왜냐하면 우리가 천국에 있는 것을 이 땅으로 끌어당기고 있기 때문이다. 그러나 그것이 주님이 우리에게 기도하라고 하신 것이다. 하늘에 있는 것이 땅에 임하도록 기도하라.

하늘에 계신 우리 아버지는 타락한 세상 때문에 우리에게 영적 돌파라는 개념을 알려 주셨다. 타락의 결과, 우리에게는 영적 돌파와 임파테이션, 정복 등이 필요하게 되었다. 영적 전쟁에서 이기기 위해 우리에게는 무기가 필요하다. 하나님은 우리의 삶에서 어둠을 밀어내는 전략들을 시행하셔야 한다. 우리는 지식과 명철을 통해 천국으로부터 빛을 최대한 받아야 한다. 하나님의 말씀을 단 한 번만 선포하는 것이 아니라 여러 차례 선포해야 한다. 그 말씀을 듣되, 우리 마음속에서 그 씨가 자라나 열매 맺을 때까지 들어야 한다. 그리고 그렇게 열매 맺은 것을 수확하게 되는데, 그것은 바로 사람들의 영혼이다.

무슨 일을 하든지 우리는 세상으로 나아가 사람들을 도와야 한다. 우리는 사람들이 자유로워지도록 진리를 전해야 한다. 이것이 바로 예수 그리스도를 따르는 자가 해야 할 하늘 아버지의 일이다.

Receiving from Heaven

하늘에 있는 것이 땅에 임하도록 기도하라.

적그리스도가 나타날 때를 대비해야 한다면서 적그리스도의 이름이나 짐승의 숫자를 예측하여 언제 대피소를 세우고, 어떤 생수를 사서 비축해야 할지를 알아내려 하지 말라. 오늘날 많은 그리스도인들은 이런 일에 지나치게 주의를 기울이고 있다. 그로 인해 더 이상 영적 돌파가 필요 없다고 느낄 지경에 이르게 된다. 그저 벙커와 비상식량만 있으면 된다. 특수부대에 소속된 친구에 따르면, 계엄령 아래에서는 물자를 비축해 놓은 사람들의 집을 특전사 사령부로 만든다고 한다. 그들은 미리 비축해 둔 물자에 대해 감사할 것이다.

추수가 오기까지 모든 것이 지연되고 있다. 예수님은 내게 예언이나 마지막 때와 같은 주제에 지나치게 집중하는 사람들이 있다고 말씀하셨다. 그런 사람들은 자급자족할 수 있는 곳을 찾아 나설 것이다. 그리고는 천사들이 와서 음식을 가져다주거나 자신들을 보호해 줄 여지를 남겨 놓지 않는다. 나는 초자연적인 것을 원하기에 천국으로부터 공급받고 싶다.

우리는 방향을 전환해야 한다. 그것은 우리가 돌파, 임파테이션, 변화, 영의 이동 같은 말들을 이해하기 시작할 때 이루어진다. 이런 말들이 큰 변혁을 가져오기 때문이다.

하나님의 사람들로 인해 영적 분위기가 바뀌는 것을 경험한 적이 있는가? 우리는 잠시 그들의 세상을 누릴 수는 있지만, 집으로 가져갈 수는 없다. 우리 안에 오신 성령님은 우리를 통해 일하시며 예수님에 대해 이야기하고 싶어 하신다. 성령님은 우리가 예수님을 모시고 가서 사람들에게 먹이기를 바라신다. 그분은 우리의 필요도 충족시켜 주고 싶어 하신다. 성령님의 사역은 아버지께서 말씀하시고자 하는 것을 전하는 것이기에, 우리는 자기 자신에 대해 이야기해서는 안 된다.

이 시대에는 사역자들이 필요하다. 하나님의 종으로서 우리 모두는 사역자이다. 우리는 천국의 것을 사람들에게 나눠 준다. 심리적 해결책을 제시하거나 돈을 주는 것만으로는 영적 문제를 해결하지 못하기 때문이다. 예수님은 제자를 찾으시고, 영원한 가족을 원하신다.

아내와 나는 우리의 사역을 주님께 맡겼다. 그리고 이렇게 고백했다. "주님, 우리가 가는 모든 곳에 영원한 영향력이 있으리라 약속해 주신다면 이 일을 하겠습니다." 우리가 가르칠 때, 사람들은 천국의 분위기를 감지하고 그 안에서 행하게 된다. 바로 이것이 그들의 삶 속에서 이루어지는 영원한 변화다.

천국의 실재를 이 세계로 끌어오는 것은 영적 돌파 및 생각의 변화와 관계가 있다. 예수님은 언제나 그렇게 하셨다. 그분은 진리를 말씀하셨지만, 바리새인들이 와서 주님을 대적했다. 바리새인들이 예수님을 공격한 것은 질투 때문이다. 주님이 행하신 일을 그들은 할 수 없었기 때문이다.

영적 돌파는 주님이 우리에게 미소 지으며 말씀하실 때 일어난다. 그것은 영속적이며, 우리에게 영원한 영향을 미친다. 잠시 기분 좋게 만든 후 곧 주님이 말씀하신 것을 잊어버리는 그런 차원이 아니다. 우리를 변화시키는 것은 말씀의 임파테이션, 하나님의 말씀에 담긴 의도와 뜻이다. 그 말씀이 우리 안으로 들어와 결실을 맺는 것이다.

거듭나는 경험을 말로 설명할 수 없지만, 우리 안에 분명한 변화가 있었다는 것을 모두가 안다. 이전 것은 모두 지나가고 새 것이 되었기 때문이다(고후 5:17 참고). 그럼에도 전쟁은 계속된다. 따라서 우리는 육신과 마음(생각)을 관리해야 한다.

Receiving from Heaven

우리를 변화시키는 것은 말씀의 임파테이션, 하나님의 말씀에 담긴 의도와 뜻이다. 그 말씀이 우리 안으로 들어와 결실을 맺는 것이다.

육신을 단련하지도 않고, 하나님의 말씀으로 생각이 변화되지 않는 그리스도인들은 삶 가운데 혼란을 겪을 수 있다. 이런 사람들은 의아해 한다. "어떻게 이런 일이 일어났는지 모르겠어요." 나는 무슨 일이 일어났는지 말해 줄 수 있다. 그것은 천천히 하나씩 일어난 것이다. 이미 일어난 일에 대해 하나님을 원망할 수는 없다.

만약 내가 천국에 가서 예수님을 만나지 않았다면, 이런 말을 할 수 없었을 것이다. 우리는 결코 예수님 앞에서 그분을 탓할 수가 없다. 절대 그렇게 할 수 없다. 왜냐하면 그분이 이 땅에서 생명과 경건에 필요한 모든 것을 공급해 주셨기 때문이다. 그중에 하나님의 치유의 능력과 인도하심, 구원이 있다.

마귀가 문제라면, 쫓아내면 된다. 마귀가 침을 뱉거나 비웃어도, 어차피 그는 떠나갈 것이기에 나는 상관하지 않는다. 마귀는 거짓말쟁이다. 그가 하는 말은 모두 다 거짓이다. 마귀는 내 마음을 흔들거나 깊은 인상을 남긴 적이 없다.

영으로 말씀 받기

주와 합하는 자는 한 영이니라 (고전 6:17)

영적 돌파는 하나님이 다른 차원을 경험케 하실 때 일어난다. 그렇기 때문에 기도할 때는 천국에서 땅으로 기도해야 한다. 어떻게 그런 기도를 할 수 있을까? 우리에게는 천국에서 온 부분이 있는데, 바로 영이다.

바울은 고린도 사람들에게 다음과 같이 말했다. "주와 합하는 자는 영 안에서 주님과 하나다"(고전 6:17 참고). 그것이 사실이라면, 주님이 말씀하실 때 우리가 들을 것이다. 생각해 보라. 만약 주님이 우리 영 안에 계시다면, 우리는 영으로 하나님의 영을 대면하는 것이다. 만약 주님이 우리에게 어떤 말씀을 하신다면, 그분이 말씀하시는 곳이 곧 우리가 듣는 장소인 것이다.

나는 보좌에 앉아 계신 주님을 말하는 것이 아니다. 주님이 여기에 계시기 때문이다. 예수님은 내가 이 땅으로 돌아가면 나에게 오셔서 이야기해 주겠다고 약속하셨다. 그래서 내가 주님이 말씀하신 것을 사람들에게 전하는 자가 된 것이다. 그러면 그들의 남은 인생이 완전히 달라질 것이다.

하나님은 영이시다. 그래서 우리의 영에 말씀하시며, 영으로 우리와 소통하신다. 하나님이 영이시므로, 그분이 하시는 모든 일은 그 영역에서 온 것이다. 새 언약 안에서는 하나님의 영이 우리 안에 계시고, 주님이 우리에게 말씀하시는 곳과 우리가 그의 말씀을 듣는 곳이 같다. 하나님의 음성을 들을 수 없다면, 그 이유는 무엇인가? 우리가 하나님의 언어를 훈련하지 못해서 그분의 방식을 이해하지 못하기 때문이다.

영적 돌파가 여기 있다. 그것은 즉각적이다. 우리는 어떤 현상이나 초자연적 역사가 일어나길 기다린다. 그런데 영적 돌파라는 것이 삶의 방식이라면 어떻게 되겠는가? 우리는 언행이 일치하는 사람들과 교제하고 싶어 한다. 또 소위 자신이 매우 거룩하며, 하나님께 쓰임 받는 사람이라는 식의 이야기들이 오가는 공동체에 속하고 싶어 한다.

내게는 성경을 읽어 주거나 찾아가서 죄를 고백할 사람이 필요 없다. 하늘의 대제사장이 계시기에 나는 주님과 함께 직접 지성소로 들어갈 수 있다. 우리는 배타적인 사역이 되지 않도록 주의해야 한다. 사역은 특정한 사람들이 하나님을 만나는 장이 아니다. 그것은 모든 세대에 있었기 때문이다. 사역이 배타적이면 많은 사람이 도태되는데, 스스로 하나님을 찾지 않고 다른 사람이 대신 사역하도록 내버려 두기 때문이다.

우리는 믿음의 연합 안에서 서로를 세워 가게 되어 있다. 사실 모든 사람은 초자연적인 것을 접하게 되어 있다. 나는 사역에 제한을 두지 않으며, 하나님을 찾고 그분을 알고자 하는 어떤 사람도 배제하지 않는다. 오히려 사람들에게 나의 모든 비밀을 알려 준다. 사람들이 주님을 알기 위해 꼭 해야 할 것들을 알려 주고, 영의 세계가 어떻게 돌아가는지도 이야기해 준다. 나는 이런 것을 아낌없이 나눠 주고 싶다.

사역은 이 땅에 천국이 임하게 하는 하나님의 영에 관한 것이자 우리의 삶에 초자연적인 것을 끌어들이는 것이다. 사역은 성령께서 매일 우리를 위해 하시는 일이다. 사역자를 집에 초대할 필요 없이 하나님이 각자의 집에 방문하시게 해야 한다. 나는 성령의 불을 지피고 싶다. 거기에 기름을 더 부어 마귀도 끌 수 없게 만들고 싶다. 나는 제단의 숯을 가져다가 각 사람 안에 그 불을 전해 주고 싶다.

Receiving from Heaven

사역은 이 땅에 천국이 임하게 하는 하나님의 영에 관한 것이자 우리의 삶에 초자연적인 것을 끌어들이는 것이다.

하나님의 말씀은 살아 있고 활력이 있어 좌우에 날선 어떤 검보다도 예리하여 혼과 영과 및 관절과 골수를 찔러 쪼개기까지 하며 또 마

음의 생각과 뜻을 판단하나니 (히 4:12)

여기서 말하는 검은 성령의 검, 즉 하나님의 말씀이다. 예수님이 말씀이시고 인격이시다. 그리고 성령님 또한 인격이시다. 삼위일체 하나님은 영의 세계에서 오신 각각의 인격이시다. 그분들은 우리와 살기 위해 오셨고, 우리 삶에서 영적 돌파를 선언하셨다.

성령의 은사

성령의 은사는 그리스도의 몸을 세우라고 주신 것이다. 그 일은 우리가 성령님께 순복하여 은사들을 통해 그분이 드러나시게 할 때 일어나게 된다. 하나님이 어떤 은사를 주셨든지, 우리는 삶에서 주님께 순복하여 그 은사를 행할 수 있다. 우리가 순복할 때 율법이 성취되고, 교회의 목적과 의미도 성취된다.

우리가 은사를 사용할 때, 진리의 영이 어둠과 마귀와 거짓을 몰아낸다. 그것은 그리스도 예수 안에 있는 생명의 성령의 법으로, 죄와 사망의 법과 권세를 깨뜨린다(롬 8:2 참고). 물리적인 법칙이 있듯이 영적인 법칙도 있다. 일단 우리가 믿음의 연합에 이르면, 그리스도의 몸을 세상에 나타내는 사역에 참여할 수 있다. 하나님은 우리 모두를 사랑하시며, 구원받은 자와 구원받지 못한 자 모두에게 역사하신다.

> 이 모든 일은 같은 한 성령이 행하사 그의 뜻대로 각 사람에게 나누
> 어 주시는 것이니라 (고전 12:11)

하나님은 성령의 뜻을 따라 우리 각자에게 은사를 주신다. 바울은 성령의 은사로 불리는 천국의 임파테이션과 교회의 오중사역으로 불리는 하나님의 사역기관이 있다고 하였다. 하나님은 교회에 사도, 선지자, 목사, 교사, 복음전도자를 세우셔서 믿음으로 하나 되게 하셨다.

> 그가 어떤 사람은 사도로, 어떤 사람은 선지자로, 어떤 사람은 복음 전하는 자로, 어떤 사람은 목사와 교사로 삼으셨으니 이는 성도를 온전하게 하여 봉사의 일을 하게 하며 그리스도의 몸을 세우려 하심이라 우리가 다 하나님의 아들을 믿는 것과 아는 일에 하나가 되어 온전한 사람을 이루어 그리스도의 장성한 분량이 충만한 데까지 이르리니 (엡 4:11-13)

어느 날 갑자기 아침에 일어나서 자신이 교회의 오중사역 중 한 직임으로 부름 받았다고 주장할 수는 없다. 하나님께서 직접 우리를 부르신다. 하나님이 오중사역 중 한 직임으로 부르시면, 우리는 책임감을 가지고 겸손하게 하나님과 동행해야 한다. 그러면 성령께서 우리가 부름 받은 영역에서 성장하도록 도우신다.

내가 아는 모든 선지자 중 스스로 선지자가 되고 싶어 했던 사람은 한 명도 없다. 그 대가가 너무 크기 때문이다. 오중사역으로 부름 받은

사람들은 대부분 그 부르심 안에 있기 위해 반드시 대가를 지불해야 한다는 것을 안다. 자신을 대단한 존재인 것처럼 내세우는 것은 그 직임을 약화시킨다. 그들은 대가를 지불하지 않는다.

> 각 사람에게 성령을 나타내심은 유익하게 하려 하심이라 어떤 사람에게는 성령으로 말미암아 지혜의 말씀을, 어떤 사람에게는 같은 성령을 따라 지식의 말씀을, 다른 사람에게는 같은 성령으로 믿음을, 어떤 사람에게는 한 성령으로 병 고치는 은사를, 어떤 사람에게는 능력 행함을, 어떤 사람에게는 예언함을, 어떤 사람에게는 영들 분별함을, 다른 사람에게는 각종 방언 말함을, 어떤 사람에게는 방언들 통역함을 주시나니 (고전 12:7-10)

성령의 은사는 아홉 가지가 있는데, 하나님이 그의 뜻에 따라 우리에게 주신다. 이런 은사들은 어둠을 몰아내며, 사람들을 자유롭게 하고, 우리를 통해 다른 사람에게 사역할 수도 있다. 성령께서 우리에게 어떤 상황에 대해 말씀하시면, 우리는 그것을 말해야 한다. 우리는 성령님께 순복하고, 그 말씀을 전해야 한다. 그래야 그것이 사람들을 변화시키고 도울 수 있기 때문이다. 우리는 성령님께 순복해야 한다.

집에 있을 때, 하나님의 영이 우리에게 무엇을 말하게 하시는 경우도 있다. 곁에 아무도 없지만, 영안이 열려 있다면 보이지 않는 존재들이 주위에 있는 것을 보게 될 것이다.

하나님의 말씀은 매우 강력하고 역동적이며, 성령의 은사도 매우 강력하고 역동적이다. 그런데 이 둘은 서로 다른 차원에서 온다. 하나님의 말씀은 사람에게서 비롯되지 않았다. 그것은 성령의 감동을 받아 쓰여진 것이다(벧후 1:21). 그것이 하나님의 말씀이 이루어진 방식이다. 사람이 아니라 천국에서 비롯되었다.

복음서는 예수님이 이 땅에서 행하시고 말씀하신 사건에 관한 일종의 저널이다. 그러나 문제의 핵심으로 들어가려면, 바울과 베드로의 서신을 읽어야 한다. 나는 지금 은밀한 영적 세계의 내부 정보에 대해 말하고 있다. 그들은 예수님이 우리를 위해 대가를 치러 주신 것에 대해 다룬다. 예수님이 은밀하게 영적 세계에서 하신 일은 바울 서신에 쓰여 있다. 바울은 당시 진행되고 있던 모든 것을 설명했다.

복음서만으로는 우리가 예수 그리스도와 함께 신분상 받은 것을 이해하는 데 한계가 있다. 그러나 제자들의 서신은 그리스도께서 우리를 위해 하신 일을 교리적으로 이해하는 데 도움이 된다.

우리가 하나님과 동행할 때, 성령의 은사들이 나타난다. 그 은사들은 성도들을 세우기 위해 성령께서 자신의 뜻에 따라 개인적으로 나눠 주신다. 모든 사람에게 말씀이 필요하지만, 특별히 확증의 말씀이 있어야 한다. 사람들이 우리에게서 인도하심을 구할 필요는 없다. 다만 하나님이 그들에게 말씀하시는 것에 대한 확증이 필요하다.

우리가 선지자라면, 하나님의 영으로 진리를 말할 것이다. 우리가 누군가에게 말하는 것은 하나님이 그 사람에게 무엇을 말씀하시는지를 확증하는 차원이지, 새로운 것이 아니다. 로마서 8장에서는 "하나님의 영으로 인도함을 받는 사람은 곧 하나님의 아들이라"(14절)고 말한다.

이 구절은 하나님의 예언자들에게 인도함을 받는 사람이 하나님의 아들이라고 하지 않는다. 우리는 하나님의 영으로 인도함을 받아야 한다.

우리는 하나님의 말씀을 들을 수 있다

그러나 너희는 택하신 족속이요 왕 같은 제사장들이요 거룩한 나라요 그의 소유가 된 백성이니 이는 너희를 어두운 데서 불러 내어 그의 기이한 빛에 들어가게 하신 이의 아름다운 덕을 선포하게 하려 하심이라 (벧전 2:9)

새 언약으로 인해 우리는 지극히 높으신 하나님의 제사장이자 왕이 되었다(계 1:6 참고). 우리 모두는 하나님의 말씀을 들을 수 있고, 하나님을 대리해서 말할 수 있다는 점에서 예언적이다. 나는 선지자의 직분 자체를 축소시키려는 것이 아니라, 합법적인 선지자가 적다고 말함으로써 그 직분을 존중하려는 것뿐이다. 하나님으로부터 온 말씀은 한 가정과 한 세대를 변화시킬 수도 있다. 말씀이 확증하는 대로 행한다면 말이다.

그런즉 형제들아 어찌할까 너희가 모일 때에 각각 찬송시도 있으며 가르치는 말씀도 있으며 계시도 있으며 방언도 있으며 통역함도 있나니 모든 것을 덕을 세우기 위하여 하라 (고전 14:26)

우리 모두에게 성령의 은사가 있으므로, 성령께서 그것을 우리에게 보여 주시도록 기도해야 한다. 성령 충만한 환경에서는 은사들이 활성화되는 것을 느낄 것이다. 고린도가 그런 분위기가 매우 강했기 때문에 바울은 교회가 질서를 잡도록 조언해 주었다. 그는 고린도 교인들 모두가 말씀, 방언, 찬양 등을 할 수 있으나 모든 것에 질서가 있어야 한다고 설명했다. 한 번에 몇 사람만 선택해서 차례대로 말하게 하되, 말하는 자를 방해하지 말라고 조언하였다.

바울은 고린도 교인들에게 성령께서 리더를 통해 말씀하신다는 것을 알려 주어 리더에게 순복하게 하였다. 또한 성령께서 뜻하시는 대로 말해야 하며, 그 은사가 방언이라면 누군가 통역하게 해야 한다고 조언했다(고전 14:27-33 참고).

Receiving from Heaven

> 하나님의 말씀은 한 가정과 한 세대를 변화시킬 수도 있다.
> 말씀이 확증하는 대로 행한다면 말이다.

그 당시 공동체의 모임 가운데 천국의 분위기가 매우 강력하게 임하여 바울이 질서를 지키도록 지시를 내려야만 했다. 예를 들어, 한 사람이 담대하게 나와 혼자 방언으로 메시지를 전하고, 통변하고, 지식의 말씀을 전하는 것과 같은 식이다. 대부분의 모임에서는 아무도 그렇게 하지 않으며, 그런 식으로 하면 안 된다. 모든 사람이 찬미의 노래와 가르침과 방언과 말씀과 통변을 할 수 있어야 한다.

예수를 죽은 자 가운데서 살리신 이의 영이 너희 안에 거하시면 그리스도 예수를 죽은 자 가운데서 살리신 이가 너희 안에 거하시는 그의 영으로 말미암아 너희 죽을 몸도 살리시리라 (롬 8:11)

성령께서 주신 은사를 사용하면, 환경에 변화가 일어난다. 예수님을 죽음에서 살리신 권세가 우리 안에 있다. 그리고 그와 동일한 권세가 우리의 죽을 몸을 살릴 것이다. 내가 초자연적인 것을 매일 접하는 이유는 그런 일이 일어나는 곳에 있기로 선택했기 때문이다. 그런 일은 천국이 우리 삶을 침노하게 할 때 일어난다. 그것은 그저 평범한 그리스도인이 된다는 의미가 아니다.

예수님은 크고 놀라운 변화를 일으키는 분이었다. 그분은 침묵하지 않으셨다. 주님은 말씀하시고 도전하셨으며, 마귀를 내어 쫓고 병든 자를 고치며 죽은 자를 살리셨다. 이것이 기독교의 본질이다. 우리는 피해자가 되어서는 안 된다.

Receiving from Heaven

예수님을 죽음에서 살리신 권세가 우리 안에 있다. 그리고 그와 동일한 권세가 우리의 죽을 몸을 살릴 것이다.

오른편 뺨을 맞으면 왼편도 돌려 대라는 성경 말씀이 있다. 물론 나도 그것을 알고 이해한다(마 5:39 참고). 나는 예수님께 뱀같이 지혜롭고 비둘기같이 순결한 것(마 10:16 참고)에 대해 물으며, 그 의미를 알고 싶다고 했다. 주님은 이렇게 말씀하셨다. 우리가 다가가면 뱀은 자기를 보호하기 위해 머리를 세우지만 먼저 공격하지는 않는다. 뱀은 빈틈이 없으며 아무도 신뢰하지 않는다. 그리고 저주받아 땅을 기어다니기에 도망치기가 쉽지 않다. 그래서 머리를 들고 자신을 보호하는 법을 배웠다. 예수님은 내게 뱀처럼 그렇게 하되, 비둘기처럼 순결하라고 말씀하셨다.

우리는 피해자가 되어서는 안 된다. 예수님이 이미 마귀의 머리를 부서뜨리셨기 때문이다. 주님은 우리도 똑같이 하기 원하신다. 주님께서 이미 이루신 것을 우리가 집행하길 바라신다.

> 오직 그리스도는 죄를 위하여 한 영원한 제사를 드리시고 하나님 우편에 앉으사 그 후에 자기 원수들을 자기 발등상이 되게 하실 때까지 기다리시나니 (히 10:12-13)

히브리서 기자는 예수님에 대해 이야기하고 있다. 우리는 하나님이 계시는 천국으로 가서 함께 거할 수도 있고, 거기서 영원히 기능하며 행할 수도 있다. 해결책을 찾기 위해 이 모임, 저 모임 돌아다닐 필요가 없다. 사람들에게 사역하고 사랑하기 위해 서로 알아가며 세워 주는 모임에 속할 것이기 때문이다. 그곳에서 우리는 함께 모여 찬양할 것이다. 말씀과 격려가 있을 것이며, 사람들을 위해 중보하고 싶은 마음이 생길 것이다.

우리가 이 땅에서 하나님이 하시는 일에 동참하기 시작하면, 그것은 큰 변화를 일으키게 된다. 예수님은 가는 곳마다 바리새인들의 마음을 불편하게 만드셨다. 그들의 종교적인 방식으로는 예수님이 행하신 일을 재현해 낼 수 없었기 때문이다. 그들에게는 예수님과 같은 권세나 능력이 없었고, 사람들도 그 사실을 알았다. 바리새인들은 사람들을 잃고 있었다. 오늘날에도 교회가 열매를 맺지 못하면서 이런 일이 일어나고 있다.

사역하는 사람들이 하나님께 순종하지 않으면, 어떤 일이 일어날까? 그렇게 되면 하나님은 계속 운행하시는데 사역자들이 움직이지 않는 일이 일어난다. 누군가 하나님께 순종하지 않으면, 그 결과가 그 사람 주위의 모든 이들에게 영향을 미친다. 특히 그 사람이 리더이거나 사역자인 경우에 더욱 그렇다.

어떤 사역자가 주일에 하나님의 말씀을 전하지 않는다면, 우리는 뭔가를 놓친 것처럼 허전함을 느낄 것이다. 택배를 받지 못하는데, 그 이유가 배달해 주는 사람이 없어서이다. 만일 어떤 사람이 성령께서 주시는 것을 전하거나 선포하지 않는다면, 사실 우리는 도둑맞는 것이다. 이런 손실은 매 주일 일어날 수 있고, 매주 수요일과 금요일 저녁에 일어날 수도 있다. 그런데 그들이 얼마나 중요한 사람들이며, 그들이 지불해야 할 대가가 얼마나 큰지 아무도 깨닫지 못한다.

한번은 몸이 아파서 당시 나의 직장이었던 항공사에 거의 내본 적 없던 병가를 냈다. 나는 성실한 직원이고 싶었기에 아파도 되도록 병가를 내지 않았다. 아픈 것을 참고 하루에 13시간씩 비행하는 것이 쉽지 않음에도 몇 년 동안 그렇게 해왔는데, 결국에는 병가를 내기로 마음먹었다.

그날 고통 중에 누워서 아내와 함께 성경을 읽고 있는데, 대낮처럼 밝은 천사가 방으로 들어왔다. 그에게는 날개가 없었고, 갑옷도 입지 않았다. 행복한 표정으로 조용히 미소 짓던 그는 밝게 빛나는 불의 사역자였다. 그 천사는 말없이 내 침대 옆으로 와서는 내 위에 두 손가락을 얹었다. 그러자 갑자기 모든 증상이 사라졌다. 나는 완전히 치유되었다. 그는 침실 문을 나가기 전에 돌아서서 나에게 미소를 지으며 말했다. "치유받는 것이 정말 쉽지요."

이 경험은 병자를 낫게 하려면 손을 얹어야 한다고 생각했던 나의 신념을 뒤집었다. 기름은 어디에 있고, 장로들은 어디에 있는가? 천사들이 사람을 낫게 할 수 있을까? 그러나 그 일이 내게 일어났다. 그리스도의 몸 안에 있는 사람들은 이런 일의 전달자가 되어야 한다. 우리는 오중사역의 진열장 노릇만 해서는 안 된다.

그날 나는 온전히 치유받았다. 또한 치유가 다른 차원의 세계에서 오며, 이 세계에서는 불가능하다는 것을 깨달았다. 의사들은 오직 몸을 치료하는 데 도움을 줄 수 있지만, 우리에게는 다른 차원의 손길이 필요하다.

베드로는 아마도 사도 후보생 중 가장 작고 보잘것없는 사람이었을 것이다. 그러나 그가 바로 선 후에는 그의 그림자가 닿기만 해도 사람들이 치유되었다. 그는 특별한 이벤트를 벌여 사람들을 현혹시킨 다음 헌금을 걷지 않았다. 베드로는 그저 길을 따라 걸어갔고, 억지로 믿으려 노력하지도 않았다.

우리는 믿음으로 행하는 삶의 방식으로 돌아가야 할지도 모른다.

어떤 식당에 갔는데, 갑자기 서빙하는 젊은 여성에 대한 환상이 보이고 하나님의 능력이 매우 강력하게 임한다면 어떻게 하겠는가? 그러면 우리는 그녀에게 "주님이 이렇게 말씀하십니다"라고 하면서 예언을 시작할 것이다. 주님이 그녀의 삶에 어떤 계획을 갖고 계시는지 이야기하며, 서둘러 결혼하지 말라고 조언하게 될 것이다. 내가 경험했듯이, 성령님께 순복하는 사람이라면 누구나 그런 일을 하게 될 것이다.

우리는 자신이 중요하지 않다고 생각할 수도 있다. 그러나 우리가 스스로 생각하는 것보다 더 중요한 존재임을 알아야 한다. 그것은 하나님이 원하시는 말을 할 수 있도록 자신을 맡겨 드리는 것이다. 하나님께는 그분과 뜻을 같이 하고, 상황을 변화시키며, 한 세대를 변화시킬 용기 있는 한 사람이 필요하다. 우리는 세대 전체를 변화시킬 수 있다. 중국에 직접 가지 않고도 중보만으로 그곳을 두르고 있는 장벽을 무너뜨릴 수도 있다.

Receiving from Heaven

하나님께는 그분과 뜻을 같이 하고, 상황을 변화시키며, 한 세대를 변화시킬 용기 있는 한 사람이 필요하다.

주님의 천사가 한밤중에 바울에게 와서 이렇게 말했다. "바울아 두려워하지 말라 네가 가이사 앞에 서야 하겠고"(행 27:24). 바울에게 무슨 일이 있을 때마다, 뱀에 물리거나 배가 난파되거나 매를 맞을 때면 천사가 그에게 나타나곤 했다. 바울은 정말 많은 일을 겪었다. 그는 왜 그토록 많은 일을 겪었을까? 우리는 가는 곳마다 마귀의 일들을 멸하고 있다. 바로 그 일이 일어나고 있는 것이다.

마귀가 우리에게 무슨 일을 할지 몰라 우리가 기다리는 것이 아니라, 우리가 앞으로 무슨 일을 할지 몰라 마귀들이 기다리는 지점이 있다. 우리가 겪는 모든 일은 하나님이 우리에게 상 주시기 위해 예비하신 것이다. 마귀가 우리를 대적할 때도 주님이 개입하셔서 우리에게 갚아 주신다.

우리가 겪는 일들은 문자 그대로 천국을 자극한다. 그로 인해 하나님이 보좌에서 일어나시고, 진노하신 주님이 오신다. 만약 사탄이 우리를 상하게 해서 하나님을 조롱한다면, 그분은 보좌에서 일어나실 것이다. 그분은 구원을 베푸시는 전능자이기 때문이다(습 3:17 참고).

그리스도와 함께 앉힌바 되다

긍휼이 풍성하신 하나님이 우리를 사랑하신 그 큰 사랑을 인하여 허물로 죽은 우리를 그리스도와 함께 살리셨고 (너희는 은혜로 구원을 받은 것이라) 또 함께 일으키사 그리스도 예수 안에서 함께 하늘에 앉히시니 (엡 2:4-6)

하나님이 우리를 일으켜 세우셔서 그리스도와 함께 하늘에 앉게 하셨다는 말은 많은 그리스도인들에게 낯설고 어색하게 느껴진다. 나도 그런 사람 중 하나였기 때문에 잘 안다. 하지만 교제의 폭을 넓혀 실제적으로 복음을 전하는 사람들을 보면서 무언가 배우기 시작했다. 어떤 사람들은 자신이 종교시스템을 돌파했다는 것과 성령께서 그들을 통해 계시를 말씀하실 수 있다는 것을 깨닫기 시작했다. 나는 그리스도의 몸 안에 있는 계시와 여러 사역과 은사들 가운데 활동하기 시작했다. 언제나 모두에게서, 심지어 적들에게서도 무언가를 배웠다.

나는 나를 저주하고 넘어뜨리려 했던 마녀에게도 배웠다. 적을 연구하고, 그들의 약점을 찾기 위해 기다렸다가 그들을 제압했다. 그들은 자신들에게 무슨 일이 일어났는지 모른다. 마귀들은 실재다. 우리는 이 땅에서 혈과 육을 상대하는 것이 아니라 정사와 권세에 맞서 싸우고 있다(엡 6:12 참고). 바울은 예수님이 행하신 일로 말미암아 이 악한 영들이 아무것도 아닌 존재가 되었다고 말한다(골 2:15 참고).

Receiving from Heaven

> 마귀들은 실재다.
> 우리는 이 땅에서 혈과 육을 상대하는 것이 아니다.

예수님의 성품과 사역을 먼저 연구한 다음에 바울 서신을 연구하는 것이 중요하다. 에베소서, 골로새서, 빌립보서에서 바울은 우리에게 천상의 세계를 열어 보이고, 그리스도 예수 안에서 우리에게 어떤 권한이 주어졌는지 말한다. 그는 예수님이 우리를 위해 보이지 않는 곳에서 무슨 일을 행하셨는지 알려 준다. 우리는 예수님이 정복하고 계셨고, 결국 이기셨다는 것을 알게 된다.

예수님이 우리를 위해 가지고 계신 것을 삶 가운데 행하는 것이 생각만큼 쉬운 일은 아니다. 이것이 바로 내가 이 사역을 하는 이유다.

이 시점에서 모든 사람은 자신의 부르심 안에서 기능해야 한다. "마음에는 원이로되 육신이 약하도다"(마 26:41). 우리가 겪고 있는 일은 흔하고 평범하지만, 극소수의 사람만이 돌파해서 좁은 길을 찾아낸다.

예수님과 대면하면서 나는 그분이 어떤 분이신지 일부만 계시받았다는 사실을 깨달았다. 그러나 우리는 하나님의 성품과 주님의 길을 알 수 있다. "그의 행위를 모세에게, 그의 행사를 이스라엘 자손에게 알리셨도다"(시 103:7).

모세는 하나님의 길을 알았다. 산에 올라가 40일이나 하나님과 함께 있었기 때문이다. 그러나 이스라엘 백성들은 평지에 머물러 있었다(출 19장 참고). 그들은 그 불타는 산을 보기는 했지만, 하나님을 아버지로 알지 못했기 때문에 그분께 다가가려 하지 않았다. 모세는 하나님 아버지와 합당한 관계를 맺고 있었으며 그분의 친구였다. 그러나 백성들은 그런 관계가 아니었기 때문에 하나님을 두려워했다.

모세는 불타는 구름 속으로 들어가 40일을 하나님과 함께 보냈다. 모세의 얼굴은 아담의 얼굴처럼 변모하여 하나님의 빛을 발했다. 모세가 하나님을 바라보는 동안 모든 것이 변하기 시작했다. 나는 모세가 하나님이 설계하신 인간의 원형으로 돌아갔다고 들었다. 단지 하나님과 얼굴을 대면하는 관계만으로도 그는 타락하기 이전의 아담처럼 보였다. 그리고 우리가 회복해야 할 본래의 모습으로 되돌아갔다. 모세가 산에서 내려왔을 때, 사람들이 그 얼굴의 광채를 두려워하여 그는 수건으로 얼굴을 가려야 했다(출 34:35 참고).

마지막 때에 하나님은 속도를 높이신다. 따라서 우리는 열방을 회심시키는 정도가 아니라 제자 삼아야 한다. 예수님께서 말씀하셨다. "그러므로 너희는 가서 모든 민족을 제자로 삼으라"(마 28:19). 우리는 모두 회심할 뿐만 아니라 주님의 제자가 되어야 한다.

나는 천국에서 그리스도와 함께 앉아 있는 내 모습을 보았다. 거기에는 보좌에 앉으신 하나님께 경배하는 무수한 천사들과 성도들도 있었다. 나는 그것이 세상의 끝이라는 것을 알았다. 죽임 당하신 어린양이 내 옆에 앉아 계셨고, 주님의 고난에 대한 보상을 받고 계셨다. 나는 주님을 방해하지 않으려고 노력했다. 예수님은 저 멀리 보이는 성도들에게서 나오는 황금빛의 물결을 누리고 계셨다.

천사들이 주님 앞에 엎드려 외치며 노래를 불렀는데, 한데 어우러져 아름다운 화음을 이루었다. 홀로 튀는 소리 없이 모두가 한 목소리로 구속받은 자들의 노래를 불렀다. 아름다운 그 소리는 천국을 뒤흔들었다. 수많은 천사들과 성도들이 한 목소리로 노래를 부르는 가운데 주님이 그들의 입에서 나오는 영광을 맞고 계시는 광경을 상상해 보라. 영광이 예수님을 강타하고 엄습하고 있었다. 주님은 보좌에 기대어 고난에 대한 보상을 받고 계셨다.

나는 하나님 아버지의 얼굴을 보려고 했지만, 예수님이 내 앞을 막으셨다. 내가 하나님의 얼굴을 뵈었다면, 이 땅으로 돌아오지 못했을 것이다. 사람이 타락한 상태에서 하늘에 계신 아버지의 얼굴을 보면 즉각 원래 상태로 회복되는데, 육신은 그 상태를 감당하지 못하므로 살아남을 수 없다. 이것이 하나님이 모세에게 그분의 얼굴을 보고 살 사람이 없다고 말씀하신 이유다(출 33:20 참고). 하나님은 모세에게 바위틈에 숨으라고 하신 후 그 옆을 지나시며 그분의 등을 보게 하셨다.

Receiving from Heaven

우리는 모두 회심할 뿐만 아니라 주님의 제자가 되어야 한다.

우리가 하나님 옆에서 시간을 보낸다면 영원히 살고, 우리 몸도 그 영향을 받을 것이다. 우리는 변화하고 변형될 것이며, 몸이 다시 사는 부활의 능력을 받을 것이다. 하나님이 우리에게 이제 죽게 될 것이라고 말씀하실 때까지 우리는 계속 살 것이다.

생명의 강가에 있을 때, 그 물을 마시면 천 년을 살 수 있다는 것을 알았다. 그 사실을 깨닫고 마시고 싶었지만, 그 물을 마시도록 허락받지는 못했다. 그 물은 다이아몬드가 녹아서 흐르는 것처럼 보였는데, 그것을 마시면 몸이 더 이상 쇠하지 않게 될 것이다. 천국에는 죽음이 없고, 하나님에 대한 모든 것이 성공적이며, 실패도 없다. 천국에는 쇠하는 것이나 재난이 없다. 그곳에서는 악하거나 나쁜 일은 일어나지 않는다.

Receiving from Heaven

천국에는 죽음이 없고, 하나님에 대한 모든 것이 성공적이다.

보좌 앞에서 받는 응답

하나님은 우리가 아무리 많은 것을 구해도 걱정하거나 당황하지 않으신다. 우리가 뭔가를 구하기 시작하는데, 거절하며 불을 꺼버리실 분이 아니다.

내가 다니던 대학의 총장은 그 학교를 설립하기 전에 11년간 목회를 하셨다고 한다. 그는 교회에서 매주 월요일에 여신도들을 대상으로 중보훈련을 하였는데, 예수님이 그에게 여덟 번이나 나타나셔서 어떻게 기도해야 하는지 가르쳐 주셨고, 그것으로 중보자들을 훈련했다고 한다.

그는 주일 저녁 예배시간이면 모두에게 기도제목을 내고 가라고 공지했다. 월요일에 있는 기도모임에서 중보하기 위해서였다. 그는 회중에게 중보자들이 그들을 위해 구할 것이니 반드시 그들이 원하는 것이어야 한다고 말했다. 그렇게 제출받은 모든 기도제목을 하나하나 구하려 하자 그것에 대한 책임을 질 필요가 없다는 것을 분명히 해야 했다. 그는 그렇게 중보자들을 훈련시켜 기도제목대로 구하게 했고, 그들은 무슨 일이 있어도 응답을 받으려 했다. 하나님 안에서는 "무엇이든지 원하는 대로 구하라 그리하면 이루리라"(요 15:7)라는 말씀을 경험할 수 있다. 우리는 하나님의 방식을 알아야 한다.

> 그러므로 너희가 그리스도와 함께 다시 살리심을 받았으면 위의 것을 찾으라 거기는 그리스도께서 하나님 우편에 앉아 계시느니라 위

의 것을 생각하고 땅의 것을 생각하지 말라 (골 3:1-2)

주님은 하나님의 아들이시다. 그리고 우리는 하나님의 아들과 딸이다. 예수님은 나를 천국의 보좌 옆으로 데려가서 앉혀 주셨다. 그곳은 내가 있을 만한 자리라고 생각한 적이 없는 곳이었다. 나는 보좌에서 내려와 맨 앞줄에서 천사들과 함께 바닥에 엎드려 하나님께 경배드리고 싶었다. 솔직히 마음이 불편했다. 예수님과 아버지께서 경배를 받고 계시는데, 내가 그 옆에 앉아 있었기 때문이다.

이기는 그에게는 내가 내 보좌에 함께 앉게 하여 주기를 내가 이기고 아버지 보좌에 함께 앉은 것과 같이 하리라 (계 3:21)

거기에 앉아 있는데 예수님이 눈을 감고 계셔서 몰래 내려가기로 결심했다. 나는 오른발을 뻗어 바닥에 내딛으려 했다. 엄지발가락을 조금 더 뻗으면 바닥이 어디인지 알 수 있어서 살짝 빠져나갈 수 있을 것 같았다. 그곳은 아래로 내려가 맨 앞으로 돌아올 수 있어서 그렇게 할 계획이었다. 그런데 갑자기 예수님이 바로 고쳐 앉으시더니 나를 보며 물으셨다. "어디 가려고 하느냐?" 나는 이렇게 대답했다. "저, 저는 내려가서 주님께 경배드리고 싶습니다." 예수님은 다음과 같이 말씀하셨다. "그러면 안 된다. 내가 너를 위해 이것을 값 주고 샀다. 이것은 너의 것이다."

몇 년이 지난 뒤에야 나는 그때의 경험을 뒷받침할 만한 모든 구절을 찾아냈다. 예수님이 내게 말씀해 주신 모든 것을 성경에서 찾기까지 오랜 시간이 걸렸다. 나는 신학자였고 학위도 있었지만, 실제로는 아무 것도 알지 못했다.

예수님이 그 다음에 해주신 말씀은 내 인생을 완전히 바꿔 버렸다. 주님은 이렇게 말씀하셨다. "여기는 네가 기도 중에 오는 곳이다." 그분의 말씀은 우리가 천국에서 땅으로 기도해야 한다는 것이었다. 이어서 주님은 이렇게 말씀하셨다. "네가 기도 중에 이곳으로 와서 응답을 받을 때까지 나와 함께 앉아 있다가, 응답을 받으면 그것을 가지고 땅으로 돌아간다. 그것이 기도다." 그때까지 나는 이런 말씀을 들어본 적이 없었다. 예수님은 이렇게 말씀하셨다. "보좌에는 질문이란 없다. 오직 응답만 있다."

그때부터 나는 기도할 때마다 보좌로 가서 예수님과 함께 그곳에 앉는다. 나는 하나님을 기다리며 그분의 뜻과 성품, 인격이 내 영 안에 차오르게 한다. 성삼위 하나님은 우리 가까이 계신다. 성령님은 우리 안에 계시면서 질문을 끄집어내시는 것이 아니라 응답을 주고 싶어 하신다. 그래서 내가 묻기도 전에 응답받기 시작하는 것이다. 나는 아직 내가 있어야 할 자리를 알지도 못하는데, 그곳에 내가 있기를 바란다. 그리고 결국 하나님의 완전한 뜻 가운데 있는 나를 발견한다.

이렇게 기도할 때, 모든 것이 하나로 맞춰지기 시작한다. 그리고 내가 천국과 천사들과도 연합했다는 느낌이 들기 시작하는데, 천사들은 이런 것을 아주 좋아한다. 우리의 목이 굳어 있지 않을 때, 그들의 일이 훨씬 수월해지기 때문이다. 우리가 삶 속에서 성령의 역사에 저항하지 않을 때, 이 세상에서 일할 뿐 아니라 영의 세계에서도 제 기능을 발휘

할 수 있다. 이렇게 되려면 훈련이 필요하다. 물론 쉽지 않지만, 충분히 할 수 있는 일이다.

하나님께서 가려 주시다

창세기 4장에서 하나님은 가인을 찾으셨다. 그가 피의 제물을 드리지 않았기 때문이다. 대신 그는 저주받은 땅의 소산물을 드렸다(창 4장 참고). 가인은 그의 형제 아벨에게 가서 양을 구해 와야 했으나 그렇게 하지 않았다.

하나님은 가인과 아벨의 부모에게 올바른 제사법을 보여 주셨다. 아담과 하와는 죄를 짓고, 무화과 잎으로 몸을 가렸다. 그러나 죄를 덮으려면 피의 제물이 필요했기 때문에 하나님은 동물을 잡아 그 가죽으로 아담과 하와를 가려 주셨다. 그리하여 그들은 하나님께 합당한 제물이 무엇인지, 무엇이 필요한지 알았다.

하나님은 가인의 제물을 받지 않으셨다. 그리고 가인과 대면하기 위해 그를 방문하셨다. 주님이 가인에게 말씀하셨다. "네가 선을 행하면 어찌 낯을 들지 못하겠느냐 선을 행하지 아니하면 죄가 문에 엎드려 있느니라 죄가 너를 원하나 너는 죄를 다스릴지니라"(창 4:7). 하나님께서 직접 가인을 지도하신 것이다. 그러나 그는 어떻게 했는가?

가인은 자기 동생을 들판으로 데리고 가서 죽였다. 그러자 아벨의 피가 하나님께 호소하였다. 주님은 가인에게 이렇게 말씀하셨다. "너의 아우가 어디 있느냐? 네 아우의 핏소리가 나에게 호소한다." 가인에게는 피의 제물이 필요했지만, 죄가 그를 장악하고 다스렸기 때문에 제대로 드리지 않았던 것이다. 이 부분에 해당하는 히브리어의 의미는 다음과 같다. "죄가 우리 성전 문 앞에 사자처럼 웅크리고 있다. 죄는 우리를 삼키려고 웅크리고 있는 사자와 같으나 우리는 그것을 다스려야 한다."

나는 예수님께 이렇게 여쭈었다. "왜 그렇게 화가 나셔서 무화과나무를 저주하셨나요?" 주님은 다음과 같이 대답하셨다. "아담과 하와가 자신들이 벗은 것을 보자마자 제일 먼저 그들 가까이에 있던 것을 움켜잡았는데, 그게 무화과 잎이었다." 그들이 무화과나무 바로 옆에 있었다는 뜻이다.

예수님은 다음과 같이 말씀하셨다. "무화과 잎으로 자신을 가린 것은 죄의 문제에 대한 인간적인 해결책이었다. 나의 방식은 피다. 그때 나는 며칠 후 십자가를 질 예정이었는데, 그 나무를 보자 내가 왜 왔는지 생각났다. 나는 죄를 감추고 그것을 돌아보지 않는 종교시스템을 저주했다. 나는 종교시스템을 저주했고, 그 나무도 저주했다."

Receiving from Heaven

종교는 열매를 맺지 못한다.
예수님은 죄를 인간적으로 처리하는 방식을 파괴하셨다.

예수님이 저주하신 나무에는 열매가 없었다. 왜냐하면 종교는 열매를 맺지 못하기 때문이다. 그래서 주님은 그것을 저주하셨다. 예수님은 죄를 인간적으로 처리하는 방식을 파괴하셨다. 그리고 그 나무의 뿌리까지 저주하셨다. 그것이 예수님이 우리 삶에 행하시는 일이다. 주님은 이런 식으로 처리하는 인간적인 시스템을 저주하시고, 우리에게 옳은 것을 행하라고 요구하신다. 그것은 예수님의 보혈을 받아들이는 것이다. 그분의 보혈을 받아들이는 것이 옳게 행하는 것이고, 그렇게 할 때 죄가 우리를 다스릴 수 없게 된다.

> 목이 곧고 마음과 귀에 할례를 받지 못한 사람들아 너희도 너희 조상과 같이 항상 성령을 거스르는도다 (행 7:51)

하나님의 방식을 거부하지 말라. 주님이 무슨 말씀을 하시든지 그대로 된다. 하나님과 함께 있는 것만큼 육신의 방법으로는 우리를 더 나은 사람으로 만들 수 없다. 그러나 예수님의 피는 죄를 근절하고 죄의 문제를 해결했다. 우리가 죄를 회개하면, 우리의 과거가 더 이상 존재하지 않는다. 하나님은 의로우셔서 우리를 거스르는 죄를 결코 붙들어 두지 않으신다.

만약 예수님이 그분의 피로 용서의 조건을 충족시키셨다면, 그것은 그 일이 영원히 이루어졌다는 뜻이다. 죄를 회개했다면, 더 이상 과거에 대해 죄책감을 느낄 수 없다. 사건이 종결되었기 때문에 다시는 그 죄로 돌아갈 수 없는 것이다.

> 그러므로 이제 그리스도 예수 안에 있는 자에게는 결코 정죄함이 없나니 (롬 8:1)

천국에서 예수님은 나의 죄가 기록된 모든 파일이 파기된 것을 보여 주셨다. 그래서 주님은 내 과거를 알지 못하셨다. 그분의 피가 그것을 완전히 제거해 버렸기에 아실 수가 없는 것이다. 예수님은 마치 내가 한 번도 죄를 지은 적이 없는 사람처럼 45분 동안 이야기하셨다. 주님이 내 죄를 모르셔서 마치 내가 완벽한 사람인 것처럼 대하신다는 사실에 마음이 불편했다. 예수님은 내게 오는 시대에 대해 말씀해 주셨다. 나는 그분의 눈을 바라보면서 주님이 내 과거를 모르신다고 말씀드렸다. 주님은 우리의 과거를 모르신다.

너무 많은 그리스도인들이 예언과 붉은 용과 적그리스도에 관한 이야기에 깊이 빠져 있다. 사람들은 결국 어떻게든 살아남아서 주님을 기다려야 한다는 결론에 도달한다. 바울은 데살로니가전·후서에서 이 문제를 언급하였다.

그 당시 믿는 사람들은 예수님이 곧 오실 것이라고 생각하여 직업을 버렸다. 바울이 일하기 싫으면 먹지도 말게 하라고 말한 이유가 바로 이 때문이다(살후 3:10 참고). 데살로니가 사람들은 말 그대로 예수님이 언제라도 다시 오실 것이라고 생각했다. 물론 이론적으로 말하자면, 주님께서 오고 계신다.

예수님은 내게 이렇게 말씀하셨다. "아버지께서 내가 돌아갈 때를 알려 주지 않으셔서 나도 그때를 모른다." 만약 주님이 미리 아셨다면, 모두에게 알려 주셨을 것이다. 오직 하나님 아버지만 아신다. 심지어 천사들이나 성령님도 그때가 언제인지 모른다.

예수님은 내게 중국의 장벽이 무너질 때, 수많은 중국인들이 하나님 나라로 들어오며, 그 다음에 중동이 주님께 굴복하여 엎드리고, 이어서 러시아가 하나님 나라로 들어오는데, 이런 것들이 징조가 될 것이라고 하셨다. 주님은 내게 대추수가 일어날 것이며, 그것이 하나님 아버지의 뜻이라고 말씀해 주셨다. 그때까지 우리는 추수하는 것이다. 직장에서 주님을 위해 일하거나 심지어 쇼핑을 하러 가도, 어디를 가든 우리는 추수를 위해 일한다.

이러한 주님의 말씀 때문에 나는 이 땅에서 그저 살아남는 것이 목적이 아니라는 것을 깨달았다. 나는 다음 세대 가운데 내 위치에 합당한 자격을 얻고 있다. 우리는 이것을 받아들여야 한다.

Receiving from Heaven

중보할 때, 우리는 다음 세대를 잉태하며, 우리 자신은 이전 세대의 기도에 대한 응답이 된다.

이것이 하나님의 인격이라는 사실을 우리는 마음에 확실히 새겨야 한다. 하나님의 생각은 세대를 초월한다. 우리는 중보하면서 다음 세대를 잉태하는 것이고, 우리 자신은 이전 세대의 기도에 대한 응답이 된다. 우리 기도의 열매는 다음 세대에 나타나게 될 것이다. 설령 우리가

천국에 가 있을지라도 말이다. 우리가 중보에 순종했기 때문에 기도의 태womb of prayer로부터 응답이 오는 것을 본다.

우리는 막바지에 도달했다. 역사적으로 구원자가 여인의 태 속에 있을 때마다 사탄은 대량 학살을 저질렀다. 모세가 태 안에 있을 때, 바로 왕을 사로잡고 있던 마귀가 그것을 눈치채고 모세를 죽이기 위해 모든 아기들을 처형했다. 예수님이 마리아의 뱃속에 계실 때, 헤롯이 알아채고는 특정한 나이 아래의 아기들을 모두 처형했다. 지금 이 시대로 보자면, 1973년에 낙태가 합법화되었다. 그것은 이 마지막 세대의 선지자가 태 중에 있다는 것을 사탄이 눈치챘다는 의미다.

학살자가 이 땅에 있기 때문에 대량 학살이 계속 진행되고 있다. 그리고 마귀는 선지자가 탄생할 것이라는 사실도 알아챘다. 엘리야의 심령과 능력으로 주님의 오심을 선포하는 세례 요한의 외침이 나오고 있다.

그 어느 때보다 이 시대에 더 많은 아기들이 태어나고 있다. 이것이 오늘날 우리가 살고 있는 시대다. 사람들이 구원받고 치유받는 곳에서 우리가 성령의 부으심을 받을 준비가 된다는 사실을 기억해야 한다. 아마 예배가 끝나도 집에 돌아가고 싶지 않고, 하나님의 말씀을 더 듣고 싶고, 몇 시간이고 경배를 드리고 싶을 것이다. 하나님의 영광이 임하면 계시를 받고, 치유도 받는다. 아무도 안수할 필요가 없다. 나는 마지막 때에 이런 일이 일어나는 것을 보았다.

마지막 때라는 개념은 지하실 창고에 생수를 비축해 놓는 것과는 조금 다른 이야기다. 영혼을 추수해야 하는데, 짐이나 싸서 대피소에 숨지 않도록 조심해야 한다. 추수의 주님은 마지막 날에 추수한 것을 거둬들이길 원하신다(마 9:38 참고). 그것이 우리가 해야 할 일이다.

이제 하나님이 우리와 함께하신다는 사실을 세상 사람들이 보기 시작할 것이다. 우리가 선한 일을 했기 때문이 아니라 하나님의 가족으로 입양되었기 때문이다. 하나님이 우리와 함께하시면서 일하기 시작하신다. 그러면 우리가 주님의 길을 알게 될 것이다.

나는 제대로 기도하기 위해 우리가 모든 사안의 근원과 그 중심에 있어야 한다는 사실을 깨달았다. 이것이 무슨 뜻인가? 하나님이 우리를 생각하셔서 어머니의 태에 불어넣으신 곳, 그 자리에 서서 우리 인생에 대해 청산한다는 것이다. 우리의 생명이 시작된 자리에서 마무리도 하게 된다.

주님은 없는 것을 있는 것으로 부르신다(롬 4:17 참고). 예수님은 우리 믿음의 창시자요, 또 완성자이시다(히 12:2 참고).

Chapter 6

우리는 하나님 나라의 대사

그들로 우리 하나님 앞에서 나라와 제사장들을 삼으셨으니 그들이 땅에서 왕 노릇 하리로다 (계 5:10)

Chapter 6
Receiving from Heaven

내게는 요한의 증거보다 더 큰 증거가 있으니 아버지께서 내게 주사 이루게 하시는 역사 곧 내가 하는 그 역사가 아버지께서 나를 보내신 것을 나를 위하여 증언하는 것이요 (요 5:36)

예수님께서 나를 바라보시며 말씀하셨다. "케빈, 너는 그저 생존하기 위해 이 땅에 있는 것이 아니라 나와 함께 영원히 다스리고 통치할 준비를 하기 위해 있는 것이다." 주님이 말씀하실 때, 나는 그분의 눈을 들여다보았다. 이어서 주님께서 말씀하셨다. "여기에서 너의 영원한 위치를 시험해 보고 있는 것이다." 그 순간, 내 몸에는 로즈 골드색 예복이 입혀져 있었다. 그것은 대사의 복장이었다. 나는 다음 지위로 옮겨가는 승진 수습기간 중이었다.

만약 내가 지금 이 땅에서 하고 있는 일을 충실하게 한다면, 바로 다음 지위로 승진한다. 만약 우리가 계속해서 맡겨진 일을 충실하게 수행하면서 하나님의 영으로 성숙해지면, 천국에서 따로 배울 필요가 없을 것이다. 나는 하나님 나라의 대사로서 이 땅에서 시간을 낭비하고 싶지 않다.

Receiving from Heaven

나는 하나님 나라의 대사로서 이 땅에서 시간을 낭비하고 싶지 않다.

하나님께서 나에게 맡기신 사역은 그분과의 관계에 근거한 것이다. 왜냐하면 내 위치, 곧 지위는 계속 전진하고 있기 때문이다. 나는 수하에 수많은 천사를 거느리고, 이 땅에서 얻는 자격만큼 나라와 지역들을 다스릴 것이다. 그리스도 안에서 나아갈 때, 우리는 천국 차원의 사역과 지위를 얻을 것이다.

많은 사람들이 요한계시록을 마지막 때에 일어날 일들을 시간순으로 정리해 놓은 책이라고 생각하는데, 그렇지 않다. 그 책은 요한과 다니엘을 비롯한 모든 선지자들에게 임한 계시들의 모음이다. 그것은 순차적이지도 않고, 시간표 같은 것도 아니다.

앞으로 우리가 다스리는 기간이 있을 것이다. 천 년 동안 천년왕국의 통치가 있을 것이다(계 20:1-3 참고). 사람들은 천 년 동안 지구에서 번성하고, 최후의 순간이 오기까지 사탄은 돌아다니며 사람들을 유혹하지 못할 것이다. 그러다가 마지막 순간에 잠시 풀려날 것이다.

요한계시록에는 새 예루살렘이 하늘에서 중동지역으로 내려올 것이라고 기록되어 있다(계 21:2 참고). 이스라엘이 그 모든 땅과 기름짐을 소유해야 했는데, 사탄이 그 영역을 뉴저지 크기로 축소시켜 버렸다. 새 예루살렘이 내려올 것이다. 그러면 다시 땅에 사람이 번성하고, 우리는 다스릴 것이다(계 21:10-26 참고).

지금 영생을!

우리는 지금 영생을 준비해야 한다. 영생이 내 안에 있기 때문에 나는 그것을 기다리지 않는다. 나는 왕국의 경계가 어디인지 찾으려고 뛰어다니거나 하지 않을 것이다. 예수 그리스도께서 우리를 위해 경계를 규정해 놓으셨다.

주님은 이렇게 말씀하셨다. "그들이 땅에서 왕 노릇 하리로다"(계 5:10). "또 내 이름을 위하여 집이나 형제나 자매나 부모나 자식이나 전토를 버린 자마다 여러 배를 받고 또 영생을 상속하리라"(마 19:29). 우리는 이 땅에서 백 배의 복을 받고 박해도 받을 것이다. 나는 이 땅에서 영생을 살기 시작했다.

나는 이미 한 번 죽었고, 예수님도 내가 죽었다고 하셨다. 그런데 주님께서 나를 이 땅으로 다시 돌려보내셨다. 나는 한 번 죽었기 때문에 죽는 것이 두렵지 않으며, 앞으로 계속 살 것이다. 십자가에 못 박힌 삶이 우리 안에 확립되고, 그러한 삶이 어떤 것인지 깨달으면, 우리는 살 수 있다. 우리는 자신에 대해 죽어야 한다(마 16:24-25).

예수님은 나에게 "내 백성들이 부활의 능력을 원하지만, 죽기는 싫어한다"고 말씀하셨다. 주님은 "죽지 않으면 부활이 없다"(롬 6:1-11 참고)고 하셨다. 그분은 나에게 십자가에 못 박힌 삶에 대해 가르치라고 말씀하셨는데, 나는 그것이 받아들여지지 않을 거라고 생각했다. 자기를 부인하고 자기 십자가를 지는 것에 대해 듣고 싶어 하는 사람은 아무도 없다. 그러나 그것이 그리스도인을 위한 길이다. 그것이 우리에게 능력을 준다.

Receiving from Heaven

> 자기를 부인하고 자기 십자가를 지는 것에 대해
> 듣고 싶어 하는 사람은 아무도 없다.
> 그러나 그것이 그리스도인을 위한 길이다.
> 그것이 우리에게 능력을 준다.

우리는 죽음으로 부활할 권리를 얻게 된다. 우리가 세례(침례) 받을 때 물 속으로 들어가면, 이를 통해 죽음으로 들어가서 그리스도와 함께 장사된다. 그리고 물 밖으로 나올 때, 그리스도께서 죽은 자 가운데서 일어나신 것처럼 하나님은 믿음을 통해 우리를 주님 안에 있는 새 생명으로 즉각 부활시키신다.

세례에서 물은 요단강을 상징한다. 애굽에서 나온 모든 이스라엘 백성은 약속의 땅에 들어가기 위해 요단강을 건너야 했는데, 그것은 장

차 올 일의 모형이자 그림자였다. 그래서 예수님은 세례 요한에게 모든 의를 이루기 위해 자신에게 세례를 베풀라고 하셨다(마 3:15 참고). 예수님은 우리가 겪어야 하는 모든 것을 겪으셨고, 물 아래로 내려갔다가 올라오심으로 요단강도 겪으셨다. 요단강은 십자가에 못 박힌 삶을 상징한다. 거기서 올라오면 바로 약속의 땅으로 들어갈 수 있다.

우리는 지금 당장 영원히 살기로 결정해야 한다. 죽는 것은 영적으로 승진하는 것이다. 왜냐하면 실제로는 죽음이 없기 때문이다. 죽으면 우리 몸은 흙으로 돌아간다. 몸이 흙에서 왔기 때문이다. 우리는 천국에서 다른 몸을 받는데, 나는 나의 새로운 몸과 예복을 보았다.

나는 마음속으로 이런 식으로 생각하면서 하나님의 방식을 배웠다. 나는 초자연적인 존재로 육체 안에 있을 뿐이며, 영원히 살 것이다. 나는 영원히 존재할 것이다. 나는 결코 하나님이 될 수 없으며, 그런 시도조차 하지 않을 것이다. 하나님은 언제나 옳으시고, 나는 틀리다. 그래도 괜찮다. 하나님께서 어떤 명령을 하셔도 괜찮다. 나는 절대로 하나님과 부딪히지 않을 것이다. 그것은 시간낭비일 뿐이다.

∴

하나님 나라를 앞당기다

우리는 하나님 나라의 대사라는 개념을 마음에 잘 새겨 두어야 한다. 우리는 그저 살아남기 위해 존재하는 것이 아니라 하나님 나라를 확장하기 위해 이 땅에 있다. 하나님 나라는 놀라운 속도로 전진해 오고 있다. 우리가 그 나라에 연합한다면, 그것은 매우 강력한 경험이 될 것이다. 하지만 그만큼의 대가를 지불해야 한다. 하나님의 압도하시는 임재에 잠겨 있을 때에도, 우리는 자신의 부족함을 깨닫는다.

Receiving from Heaven

우리는 그저 살아남기 위해 존재하는 것이 아니라 하나님 나라를 확장하기 위해 이 땅에 있다.

내 주위에는 하나님을 의지하여 사는 법을 아는 사람들이 많다. 그들은 잘못된 동기로 그렇게 하는 것이 아니다. 나는 그런 사람들에 둘러싸여 있으며, 그러한 환경이 나를 성장하게 만든다. 내가 주님 안에서 성장할 때, 마귀는 나를 만지거나 나에게 접근하는 것이 자신에게 불리하다는 것을 알고는 놀란다. 그가 나를 공격할수록 점점 더 영광으로 밀어주게 될 것이다. 그럴수록 나는 더 커지고, 더 강력해진다.

> 또한 나를 보내신 아버지께서 친히 나를 위하여 증언하셨느니라 너희는 아무 때에도 그 음성을 듣지 못하였고 그 형상을 보지 못하였으며 그 말씀이 너희 속에 거하지 아니하니 이는 그가 보내신 이를 믿지 아니함이라 (요 5:37-38)

예수님은 여기서 자신에 대해 말씀하신다. 유대인들은 주님이 어떤 분이신지 분별하지 못했으며, 하나님의 역사에 동참하지 않고, 오히려 주님을 핍박했다. 예수님은 선지자들을 통해 증언하신 말씀이 그들 안에 없다고 하셨다. 하나님의 말씀이 그들 안에 거하지 않았기 때문에 그분의 음성을 들을 수 없었으며, 예수님의 말씀을 믿지 않았다. 세상에는 양과 염소가 있고, 알곡과 가라지가 있다. 예수님은 내게 더 이상 염소를 양으로 바꾸려 하지 말라고 말씀하셨다.

엘리야가 들판을 걷고 있는데, 주님께서 그에게 겉옷을 벗어서 밭을 갈고 있는 사람에게 걸쳐 주라고 말씀하셨다(왕상 19:19-20 참고). 엘리야는 지나가다가 한 마디 말도 없이 자신의 겉옷을 그 남자에게 던져 주고는 계속 걸어갔다. 그러자 그 남자, 즉 겉옷을 받은 엘리사는 엘리야에게 달려가서 자기 부모에게 작별인사를 해도 되는지 물었다. 엘리야는 이렇게 대답했다. "내가 네게 어떻게 행하였느냐?" 엘리야는 자신이 엘리사에게 무슨 일을 했는지 알고 있었지만, 엘리사는 몰랐다. 만약 엘리사가 그것을 알았다면, 아무 말 없이 엘리야를 따라 갔을 것이다.

제자들은 왜 그들의 배와 가족들을 두고 떠났을까? 그들은 왜 그물을 버려두고 예수님을 따랐을까? 예수님은 어떤 능력을 지니셨던 것일까? 사람들은 무엇 때문에 자기 일을 버린 것일까? 예수님은 자신을 따르는 큰 무리를 보시고, 그들이 주님을 따르는 이유가 초자연적 역사로 배불리 먹고 수많은 기적을 보았기 때문임을 아셨다. 예수님 말씀에 의하면, 바로 그 두 가지가 주님을 따르는 잘못된 동기였다.

우리는 하나님 나라의 대사로서 생명의 양식인 말씀을 나눠 줘야 한다. 우리는 기적을 추구하지 않는다. 이적과 표적과 기사는 하나님의 말씀을 선포했음을 확증하는 결과로서 따라오기 때문이다. 만약 하나님의 말씀이 선포되지 않는다면, 표적과 기사가 뒤따르지 않을 것이다. 표적과 기사는 말씀 선포에 뒤따르기 때문이다. 우리는 표적과 기사를 먼저 행하지 않는다. 말씀을 선포하고 생명의 양식을 나눌 때, 사람들이 변화된다.

Receiving from Heaven

하나님 나라의 대사로서, 우리는 생명의 양식을 나누어야 한다.
말씀을 선포하고 생명의 양식을 나눌 때, 사람들이 변화된다.

예수님이 그분의 살을 먹고 그분의 피를 마시라고 하신 것(요 6장 참고)은 성찬을 말씀하신 것이었다. 주님은 "나를 먹어야 한다"고 말씀하셨다. 주님은 이 말씀을 군중에게 하시면서 대다수가 마음이 상하여 떠날 것을 아셨다. 육적인 그들은 예수님이 누구신지 분별하지 못했다. 그들은 그분의 말씀을 듣지 못했다. 그저 기적을 목격하고 배만 채웠을 뿐이다.

하나님 나라의 대사로서, 우리는 생명의 양식을 나누어야 한다. 이런 일은 어디서나 할 수 있다. 가정에서 성경 공부를 시작할 수도 있고, 교회에서 어떤 일을 자원함으로도 가능하다. 우리의 곳간 안에 있는 것을 끊임없이 내주어야 한다. 그러면 하나님께서 공급해 주실 것이다.

하나님의 방식은 사람들을 말씀으로 먹이는 것이다. 변화는 천국에서 오는 말씀으로부터 온다. 그 말씀은 성령님께 순복하고 하늘의 양식을 내어 주는 자에게 임한다. 그것이 하나님의 방식이다. 그것이 하나님의 말씀이고, 그 말씀은 또한 성령님이시기 때문이다. 그냥 단순한 단어들이 아니다.

> 너희가 성경에서 영생을 얻는 줄 생각하고 성경을 연구하거니와 이 성경이 곧 내게 대하여 증언하는 것이니라 그러나 너희가 영생을 얻기 위하여 내게 오기를 원하지 아니하는도다 (요 5:39-40)

이 구절에서 예수님은 성경을 연구하고 그것을 통해 영생을 찾았다고 생각하는 사람들에 관해 말씀하신다. 그들은 이 성경이 예수님을 증언하고 있음을 이해하지 못했다. 성경은 말씀이신 예수님의 인격이다. 단순한 경전이 아니다.

나는 언변으로 격렬하게 저항하는 죄인을 이길 수 있다. 성경과 하나님에 대해 논쟁해서 이길 수 있지만, 그들은 결국 지옥에 갈 것이다. 그렇게 되면, 논쟁에서 이겼어도 사실은 진 것이다. 사람들을 하나님 나라로 인도하는 것이 논쟁의 목적이기 때문이다.

우리는 사람들을 설득해야 한다. 단순히 논쟁에서 이기는 것으로는 안 된다. 그것이 진짜 이기는 것이 아니기 때문이다. 그래서 나는 사람들과 논쟁하지 않는다. 왜냐하면 논쟁에서 이기더라도 그 사람들이 여전히 지옥에서 비명을 지르고 있다면, 그것은 이긴 것이 아니기 때문이다. 나는 누구라도, 심지어 나의 원수라도 지옥에 가는 것을 원하지 않는다. 나는 사탄의 일꾼인 마녀조차 지옥에 가지 않기를 바란다. 우리는 마녀들이 회개하고 하나님 나라로 들어와 원수의 모든 비밀을 폭로하여 마귀를 못 박게 해야 한다.

우리는 대사로서 예수님을 대표한다. 하나님의 말씀을 전하는 것은 사람들에게 예수님을 전하는 것이다. 하나님의 영은 우리가 전하는 말을 통해 계시를 나눠 주신다.

> 나는 사람에게서 영광을 취하지 아니하노라 다만 하나님을 사랑하는 것이 너희 속에 없음을 알았노라 나는 내 아버지의 이름으로 왔으매 너희가 영접하지 아니하나 만일 다른 사람이 자기 이름으로 오면 영접하리라 너희가 서로 영광을 취하고 유일하신 하나님께로부터 오는 영광은 구하지 아니하니 어찌 나를 믿을 수 있느냐 내가 너희를 아버지께 고발할까 생각하지 말라 너희를 고발하는 이가 있으니 곧 너희가 바라는 자 모세니라 모세를 믿었더라면 또 나를 믿었으리니 이는 그가 내게 대하여 기록하였음이라 그러나 그의 글도 믿지 아니하거든 어찌 내 말을 믿겠느냐 하시니라 (요 5:41-47)

우리는 이것이 예수님 자신에 대해, 그리고 주님이 사역 중에 직면하신 것에 관해 하신 말씀이라는 사실을 기억해야 한다. 우리도 살면서 이런 상황을 직면하게 될 것이다. 이 말씀은 우리가 이 세상에 있는 동안 경험하게 될 삶과 사역에 대해 이야기한다. 이 구절에서 사람들 안에 있던 단절감을 볼 수 있다. 예수님은 그들 앞에서 기록된 모든 말씀을 다 이루셨지만, 그들은 주님을 받아들이지 않았다.

기억하라. 세상에는 양과 염소가 있고, 알곡과 가라지가 있다. 종교적인 사람들은 우리를 공격하겠지만, 도움이 필요한 사람들, 가난하고 궁핍한 사람들은 겸손하게 우리가 하는 말을 들을 것이다. 그들은 염소가 아니다. 이렇게 겸손한 사람들은 도움을 필요로 하고 도움을 바라기 때문에 저항하지 않는다. 이런 이들이 내가 찾는 사람들이다.

나는 염소들과 논쟁하지 않을 것이다. 그들이 돌이키지 않을 것이기 때문이다. 이런 유형의 사람들은 염소로 사는 것을 즐기며, 우리가 무슨 말을 하든 정반대로 말할 것이다. 그들은 항상 반대 입장을 취할 것이다. 우리가 말씀을 전할 때, 그것이 우리의 의견일 뿐이라는 식으로 반응한다. 그들이 이런 식으로 반응하는 이유는 사탄이 그들에게 그렇게 말하기 때문이다. 사탄은 절대적인 진리를 개인의 의견일 뿐이라며 폄하한다.

하나님과의 만남

명절 끝날 곧 큰 날에 예수께서 서서 외쳐 이르시되 누구든지 목마르거든 내게로 와서 마시라 나를 믿는 자는 성경에 이름과 같이 그 배에서 생수의 강이 흘러나오리라 하시니 이는 그를 믿는 자들이 받을 성령을 가리켜 말씀하신 것이라 (예수께서 아직 영광을 받지 않으셨으므로 성령이 아직 그들에게 계시지 아니하시더라) (요 7:37-39)

예수님은 여기서 성령님을 언급하신다. 주님은 우리가 그분의 살을 먹고 그분의 피를 마신 후에 우리에게 성령을 보내실 것이고, 그러면 우리가 성령, 즉 하늘에서 오는 생수를 마시게 될 것이라고 말씀하신다. 바울은 "술 취하지 말라 이는 방탕한 것이니 오직 성령으로 충만함을 받으라"(엡 5:18)고 했다. 성령의 부으심, 방언, 불, 예언은 오순절에 일어난 네 가지 주요 사건이다.

예수님은 자신을 따르는 무리에게 성령 세례를 기다리라고 하셨다. 그들이 함께 모여 한 소리로 기도할 때, 성령님이 임하셨다. 하나님은 변하지 않으시며, 주님의 길은 영원히 세워진다. "나는 주이므로 변경하지 아니하노라"(말 3:6, 한글 킹제임스).

우리 안에 계시는 성령님과 동일한 그 성령께서 오순절에 예루살렘에 있던 예수님을 따르는 무리에게 임하셨다(행 2장 참고). 성령님은 급하고 강한 바람으로 오셨다. 그들의 머리 위에 불이 임하자 방언을 말하기 시작했다. 그들은 자신의 모국어가 아닌 다른 나라 말로 말하였다.

그날은 큰 명절이었기 때문에 예루살렘에는 여러 나라에서 수많은 사람들이 와 있었다. 그들은 성령을 받은 자들이 자기 나라의 말을 하는 것을 보고 매우 놀랐다. 이에 베드로가 일어나서 말했다. "너희 생각과 같이 이 사람들이 취한 것이 아니라 이는 곧 선지자 요엘을 통하여 말씀하신 것이니"(행 2:15-16).

2천 년이 지난 지금, 동일한 성령께서 우리 안에 계신다. 바람, 불, 방언, 성령에 취함 등을 마지막으로 경험한 때가 언제인가? 지금도 동일한 말씀과 동일한 성령께서 역사하신다. 도대체 무슨 일이 있었기에 그리스도인들이 이토록 고상해진 것인가? 사람들이 새 포도주, 불, 바람과 같은 것들을 통해 하나님의 영에 순복하는 데 시간이 걸린다. 왜 그런 것일까? 나는 믿는 자들이 세상 문화에 노출되면서 성령의 역사를 받아들이지 못하게 되었다고 믿는다.

우리는 성령님이 인격이시라는 것을 안다. 성령님은 예수님처럼 행하시며 우리를 담대하게 하신다. 주님은 우리가 사는 세상의 기초를 세우려 하시는데, 그것은 천국의 책에 기록된 계획에 따른다. 우리는 자신의 생각을 내려놓고 하나님을 인생의 설계자로 모셔야 한다.

우리 삶을 향한 계획은 성령님께 있다. 주님은 우리가 마땅히 해야 할 일로 우리를 인도하실 것이다. 주님께 순복하라. 왜냐하면 이것이 지금도 빛나는 얼굴로 우리를 비추고 계신 하나님 아버지의 계획이기 때문이다. 주님은 우리를 향해 미소 짓고 계시며, 우리를 매우 아끼신다.

Receiving from Heaven

> 우리는 자신의 생각을 내려놓고
> 하나님을 인생의 설계자로 모셔야 한다.

우리가 순복하면, 성령께서 우리의 삶을 다스리시고, 앞으로 그분의 뜻을 따라 살게 될 것이라고 말씀하실 것이다. 그러면 친구들은 우리와의 관계를 계속 유지할 것인지에 대해 고민할 것이다. 그들은 우리가 옛 모습으로 돌아오길 바란다. 그러나 그 옛 사람은 이미 가버리고 없다. 이제는 성령께서 다스리고 지배하기 원하시기 때문에 다가올 세대의 능력이 우리에게 임할 것이다.

완전한 비전의 시즌

완전한 비전의 해를 맞이할 준비가 되었는가? 그 비전이 교회에 임하고 있다. 앞으로 지금까지 한 번도 본 적이 없는 것을 보게 될 것이다. 우리는 모든 것을 꿰뚫어 볼 것이다. 나는 이 시즌을 여러 해 동안 기다려 왔다. 성령께서 단 한 번 임하시거나 천사의 방문을 한 번만 받더라도 모든 세대가 변화될 것인데, 나도 거기에 동참하고 싶다. 나는 하나님이 하시는 일에 동참하고 싶다. 나는 결코 내가 실패할 수 없다는 사실을 천국에서 보았다.

예수님을 만났을 때, 그분이 특정 교파나 교단에 속한 분이 아니라는 사실을 깨달았다. 예수님을 통하지 않고 아버지께로 나아갈 수 있는 사람은 없다. 나는 하나님이 언제나 고정관념을 깨뜨리시는 분이라는 것을 알게 되었다. 하나님은 내게 그리스도인의 삶 가운데 마귀가 실제로 역사한다는 사실을 보여 주셨다. 왜 주님은 내게 자해하거나 자살하려는 그리스도인을 위한 말씀을 주실까? 이런 종류의 활동도 분명 실재이다. 우리는 다른 방법을 구하지 말아야 한다.

한참 영적으로 성장하고 있을 때, 나를 지도해 줄 목사님이 있었으면

하고 바랐지만 주위에 아무도 없었다. 삯군 목사가 있기는 했지만, 그는 한 번도 나에게 거듭나야 한다고 말하지 않았다. 단지 교회에 가면 천국에 갈 것이라고 말했다. 한번은 "그것으로 나를 시험하여"(말 3:10 참고)라는 말씀에 대해 물었더니, 나에게 하나님을 시험하지 말라고 대답했다. 나에게 답변해 줄 말이 없었던 것이다.

나는 사람들을 돕기 원하고, 문제가 생겼을 때 회피하고 싶지 않다. 사람들은 대부분 이런 식으로 말한다. "알다시피 그것은 내가 믿는 것과 다르기 때문에 실제로 존재하지 않는 것입니다." 이런 식으로 생각한다고 해서 영적 실재가 사라지는 것은 아니다.

앞으로 우리는 분별의 능력을 최대한 사용해야 한다. 이 땅을 강타할 전무후무한 하나님의 역사가 이 시대의 끝에 있을 것인데, 그것은 이미 시작되었다. 앞으로 모든 공간이 사람들로 채워지기 시작할 것이다. 교회와 기도모임마다, 우리가 어디를 가든 그곳은 사람들로 가득 찰 것이다.

Receiving from Heaven

이 땅을 강타할 전무후무한 하나님의 역사가 이 시대의 끝에 있을 것인데, 그것은 이미 시작되었다.

전에 자신이 "한 번도 틀린 적이 없다"고 주장하는 사람을 만난 적이 있다. 바로 비행기에 탑승한 여성 사업가였는데, 그녀는 자신의 여행 가방을 제한 구역에 두고 싶어 했다. 만약 내가 그것을 허락하면 벌금

을 물을 수도 있었다. 나는 그녀에게 이렇게 말했다. "그렇게 하실 수 없습니다." 그녀는 마치 생전 처음으로 "안 된다"는 말을 들은 듯한 얼굴이었다. 이 일을 통해 나는 사람들의 마음과 됨됨이에 영향을 미치는 정도가 있다는 것을 깨달았다.

종종 자기만의 세계에 갇혀 사는 사람들이 있다. 그런 사람들 주변에는 그들에게 관심과 애정을 주면서 모든 필요를 채워 주는 사람들이 있기 마련이다. 그런데 누군가가 그들에게 익숙한 방식으로 대해 주지 않으면, 그들은 분명 그 사람이 틀렸다고 생각할 것이다. 그들은 절대로 자신이 틀렸다고 생각하지 않으며, 상대가 자기 하인노릇을 해야 한다고 생각한다.

> 너희 중에 큰 자는 너희를 섬기는 자가 되어야 하리라 (마 23:11)

하나님의 말씀은 진리로 선포된다. 진리 안에서 우리는 반석 위에 엎드려 경배하거나 아니면 그 반석이 우리 위에 떨어진다(마 21:44 참고). 또한 자신을 스스로 판단하거나 심판받게 될 것이다(고전 11:31-32 참고). 예수님은 우리가 말씀으로 스스로 판단하기 원하신다. 주님의 인격이 곧 그 말씀이다.

주님을 만났을 때, 나 자신이 내가 생각하는 그런 존재가 아니라는 사실을 깨달았다. 이 땅으로 돌아왔을 때, 나는 이전에는 상상도 할 수 없을 정도로 겸손해졌다. 사람에게는 불태워 없애야 할 교만의 요소가 있다. 교만한 마음을 가진 채로는 천국으로부터 받아 누릴 수 없다.

> 그런 방식으로 성령님은 우리를 그 인간적 연약함 속에서 붙들어 권능을 주십니다. 예를 들어, 때때로 우리는 기도하는 방법을 모르거나 무엇을 간구해야 좋을지 모릅니다. 그러나 성령님은 우리 안에서 일어나셔서 우리를 대신하여 말로 하기에는 너무 깊은 탄식으로 하나님께 간청하십니다. (롬 8:26, TPT)

바울은 성령께서 우리의 연약함 가운데 오셔서 우리가 완벽한 기도를 할 수 있도록 힘을 실어 주실 것이라고 말한다. 때로는 우리 모두가 하나님께 기도하기 때문에 통변할 수 없음을 인식하고 다 같이 방언으로 기도하는 것에 동의한다. 인간적으로 제한된 능력 안에서 효과적으로 기도하려면, 나의 언어로만 기도할 수밖에 없다. 하늘의 신비를 기도하려면, 온전히 성령님께 순복해야만 한다.

∴
우리는 기폭제다

최근까지 심하게 아팠던 두 친구가 있는데, 그들은 모두 복음사역자다. 만약 내가 혼의 영역에 빠져 내 생각대로 하거나 세상의 방법대로 했다면, 그 친구들에게 아무런 도움이 되지 못했을 것이다. 소금의 역할을 잃어버려서 제 기능을 다하지 못했을 것이다. 우리는 일어나고 있는 일들에 자신을 감정적으로 결부시키지 말아야 한다.

주님은 내게 적절한 시기가 될 때까지는 그들 중 누구에게도 전화하여 예언하지 말라고 하셨다. 그리고 이렇게 말씀하셨다. "믿음으로 예언하지 않을 거라면 전화해서는 안 된다." 내가 주님과 함께 가서 예언하기까지 1-2주가 걸렸다.

Receiving from Heaven

> 사람에게는 불태워 없애야 할 교만의 요소가 있다.
> 교만한 마음을 가진 채로는 천국으로부터 받아 누릴 수 없다.

우리는 인격이 무력화되는 지경에 이를 정도로 환경의 영향을 받아서는 안 된다. 어떤 시련에도 견고히 서는 자가 되어야 한다. 얼마나 많은 이들이 우리에게 필요한 리더의 자리에 있었는가? 우리에게는 단 한 명의 리더가 필요한데 아무도 나서려 하지 않는다. 그러다가 누군가 나서면, 모두가 그를 통제하거나 비판하려 들 것이다.

모든 사람이 하나님을 원한다고 말한다. 그건 나도 마찬가지이다. 그러나 우리 모두에게는 제거되어야 할 장막이 있고, 깨어져야 할 껍질이 있다. 우리 집에서 성령 집회를 하면, 사람들이 주차장까지 제대로 걸어가지 못한다. 왜 그럴까? 우리 집에는 나와 아내뿐이지만, 하나님의 능력이 매우 강하게 임하여 방문한 사람들 모두 떠나고 싶어 하지 않는다. 우리가 특별해서가 아니다. 우리가 비행기를 타든, 호텔에 가든, 집회에 가든지 어떤 일이 일어났기 때문이다. 하나님이 우리에게 임하시는 것이다.

우리는 보냄을 받는 것이지, 가는 것이 아니다. 우리는 하나님의 형상대로 주님과 교제하도록 창조되었다. 그것은 주님의 방식과 관련이 있다는 뜻이다.

하나님께서 오실 때, 그분은 하나님 자신이 되기 원하신다. 그런데 그 하나님은 우리를 압도하신다. 주님의 눈에는 불이 붙어 있고, 그 불이 그분의 입에서 나와 우리를 사르며, 그런 후에 바람이 불 것이다. 우리가 이런 차원으로 들어가려면, 마귀를 몰아내야 한다. 그 다음에야 우리가 그런 차원으로 들어갈 수 있는 지점에 이를 수 있다. 그렇게 되려면 우리는 영적인 행위로 하나님의 주의를 끌어야 한다. 다시 말해서 우리가 중보해야 한다는 것이다.

누군가 "하나님께서 이미 모든 것을 다 알고 계시는데, 왜 우리가 중보해야 합니까?" 하고 물을 수 있다. 모세는 시내산으로 올라가야 했다. 한번은 그 산에 올라갔더니 하나님의 영광이 구름처럼 짙게 드리우고 있어서 앞으로 나아갈 수 없어 기다려야 했다. 하나님은 모세를 그곳에서 7일 동안이나 기다리게 하셨다. 그 후에 구름 가운데서 그 속으로 들어오라고 부르셨다(출 24:15-18 참고).

하나님의 영이 우리를 통해 중보하기 원하신다면, 그것이 바로 우리가 할 일이다. 우리가 중보하지 않으면, 하나님의 뜻 가운데 일어나야 할 일이 일어나지 않을 것이다. 성령께서 우리에게 연주자로서 특정한 음을 연주하라고 하신다면, 그 음이 성령 안에서 무언가를 드러낼 것이다. 중보도 마찬가지다. 중보하고 기도하고 모이기로 했다면, 그것이 우리가 해야 할 일이다.

성령 안에서 어떤 일들이 벌어지거나 변화가 일어나게 하는 기폭제가 있다. 하나님은 그 기폭제의 역할을 할 자를 지명하시고, 그는 하나님의 운행하심을 위한 돌파구가 된다. 그리하여 그를 통해 하나님의 다음 운행하심이 시작된다.

Receiving from Heaven

> 하나님은 기폭제의 역할을 할 자를 지명하시고,
> 그는 하나님의 운행하심을 위한 돌파구가 된다.
> 그리하여 그를 통해 하나님의 다음 운행하심이 시작된다.

수년 전에 아르헨티나에서 시작된 부흥이 지금까지도 계속되고 있다. 아르헨티나에서 집회가 열리는 건물 안으로 들어가려면, 골목을 빙 돌아 길게 늘어선 줄에 서서 기다려야 한다. 이 모든 것은 사람들이 함께 모이면서 시작되었다고 한다. 그들은 지속적으로 기도하고 금식하는 가운데 하나님의 능력을 강하게 감지했다. 그들은 계속 모여 기도했고, 하나님의 능력은 더 강해졌다. 눈물이 비처럼 흘러내려 온 바닥을 적셨다. 천사가 그곳에 있다는 것을 느낄 정도였지만, 아직 돌파는 일어나지 않았다.

마침내 한 남자가 일어나서 말했다. "하나님께서 우리 중 한 사람에게 무슨 말씀을 하셨는데, 그 사람이 아직 그 일을 하지 않았습니다." 그때 어느 젊은 여성이 이렇게 말했다. "그게 바로 저에요. 3주 전에 주님이 저에게 일어나 가서 성찬 테이블을 세게 치라고 하셨어요." 그러자 그 남자는 "그럼 지금 바로 그렇게 하세요!"라고 말했다. 그 여성이 성찬 테이블을 치자, 그 순간 하나님의 능력이 풀어졌다. 그것이 부흥의 시작이었다. 성찬 테이블을 친 것이 부흥의 기폭제가 된 것이다.

모세는 그 산으로 가야 했고, 불타는 가시덤불로 가야 했으며, 바로에게 가야 했다. 엘리야는 겉옷으로 물을 쳐야 했고, 엘리사는 그 겉옷을 잡고서 "엘리야의 하나님은 어디 계십니까?"라고 물어야 했다. 엘리사는 다시 강을 건너기 위해 그 겉옷으로 물을 쳐 갈라지게 해야 했다. 모세는 지팡이를 물 위로 뻗어 바다를 갈라야 했다. 엘리야가 바알의 선지자들을 대적하려고 할 때, 제단 위에 물을 부어야 했다.

이 밖에도 하나님의 방식을 보여 주는 예는 많다. 우리는 그것을 실행에 옮겨야 한다. 언제나 하나님께서 다음 행보를 시작하시게 하는 기폭제가 있다. 얼마나 많은 천사들이 준비하고 기다리고 있는지 볼 수만 있다면, 지금 당장 주님과 함께 부흥을 시작하고 싶을 것이다.

우리에게 저항하는 세력보다 우리와 함께하는 존재들이 더 많다는 사실을 기억하라. 천사들은 출동할 준비가 되어 있다. 주 안에서 우리와 함께 다음 단계로 들어갈 준비가 되어 있다.

Receiving from Heaven

천사들은 출동할 준비가 되어 있다.
주 안에서 우리와 함께 다음 단계로 들어갈 준비가 되어 있다.

우리 영은 이 땅의 차원에 의해 제한받지 않는다. 우리는 아브라함의 믿음을 가져야 한다. 즉, 하나님의 명령에 따르기 위해 모든 것을 버리고 떠날 수 있어야 한다는 뜻이다. 갈 바를 알지 못해도 의심하지 않는 것, 그것이 바로 아브라함의 믿음이다.

성경은 위대한 믿음의 사람들을 칭찬한다. 히브리서 11장 27절은 그들이 보이지 않는 분을 보았다고 말한다. 어떻게 보이지 않는 존재를 볼 수 있냐며, 그것은 말이 되지 않는다고 할 것이다. 그러나 영적인 눈이 열리면, 보이지 않는 것을 볼 수 있다.

경주 끝내기

너희는 마음에 근심하지 말라 하나님을 믿으니 또 나를 믿으라 내 아버지 집에 거할 곳이 많도다 그렇지 않으면 너희에게 일렀으리라 내가 너희를 위하여 거처를 예비하러 가노니 가서 너희를 위하여 거처를 예비하면 내가 다시 와서 너희를 내게로 영접하여 나 있는 곳에 너희도 있게 하리라 내가 어디로 가는지 그 길을 너희가 아느니라 도마가 이르되 주여 주께서 어디로 가시는지 우리가 알지 못하거늘 그 길을 어찌 알겠사옵나이까 예수께서 이르시되 내가 곧 길이요 진리요 생명이니 나로 말미암지 않고는 아버지께로 올 자가 없느니라 (요 14:1-6)

하나님이 우리를 사랑하셔서 그리스도 안에서 우리의 본 모습을 찾을 수 있게 해주셨다. 예수 그리스도는 각 사람에게 자신을 주셨다. 그래서 우리가 어떤 존재인지 잘 아신다. 주님은 이 땅의 법에 매이지 않으시기에 모든 사람을 다루고 관리하시는 데 전혀 문제가 없다. 주님은 자유롭게 이 세계로 들어오실 수 있으며, 우리가 깨달을 때까지 계속 그렇게 하실 수 있다. 그래도 시간이 흐르거나 하지 않는다.

우리는 전혀 시간을 잃어버리지 않았다. 이미 얻은 것 중 아무것도 잃지 않았다. 우리 앞에 놓인 인생은 영원으로 들어가는 입구다. 반드시 육체적으로 죽어야만 영생을 누리는 것은 아니다. 우리 안에 있는 그 샘에서 영원한 생수가 솟아나기 때문이다.

우리는 항상 성령으로 충만한 삶을 살 수 있다. 과거에는 마귀에게 붙들린 삶을 살았는데, 지금은 왜 성령으로 충만할 수 없는가? 이전에 우리는 몸과 마음을 마귀에게 넘겼고, 삶을 낭비했다. 그렇다면 반대로 우리 자신을 성령님께 맡기면 어떻게 되겠는가? 바로 지금이 우리를 성령님께 드릴 때가 아닌가?

Receiving from Heaven

우리는 지금 바로 천국으로부터 받아 누릴 수 있다.

기억하라. 언젠가 우리는 다시 하나님과 함께 동산을 거닐 것이다. 우리는 영원토록 주님과 함께 걸으며 그분과 함께 거할 것이다. 모든 것이 다 잘 될 것이다. 우리는 경주를 마칠 것이며, 마침내 승리할 것이다. 우리가 해낼 것이다.

나는 이미 그것을 경험했기에 잘 안다. 나는 미래에 있었는데, 태초부터 지금까지 천국에 들어간 모든 사람이 함께 모여 어린 양을 경배하는 모습을 보았다. 나는 당신의 미래도 보았다. 그것은 찬란하게 빛나고 있다. 우리는 모두 해냈다. 주님은 예수 그리스도께서 우리를 위해 값을 주고 사신 것에 대해 사람들에게 전하고 그 충만함으로 인도하는 음성으로 나를 돌려보내셨다. 우리는 지금 바로 천국으로부터 받아 누릴 수 있다. 기다릴 필요가 없다.

하나님 나라의 대사로서, 우리는 생명의 양식을 나누어야 한다. 이런 일은 어디서나 할 수 있다. 가정에서 하는 성경 공부를 시작할 수도 있고, 교회에서 어떤 일을 자원함으로도 가능하다. 우리의 곳간 안에 있는 것을 끊임없이 내주어야 한다. 그러면 하나님께서 공급해 주실 것이다.

Chapter 7

천국이 우리 집

그는 진리의 영이라 세상은 능히 그를 받지 못하나니 이는 그를 보지도 못하고 알지도 못함이라 그러나 너희는 그를 아나니 그는 너희와 함께 거하심이요 또 너희 속에 계시겠음이라 (요 14:17)

Chapter 7
Receiving from Heaven

너희가 나를 사랑하면 나의 계명을 지키리라 내가 아버지께 구하겠으니 그가 또 다른 보혜사를 너희에게 주사 영원토록 너희와 함께 있게 하리니 (요 14:15-16)

세계 어디를 가든지 나는 만나는 그리스도인과 자연스럽게 하나가 된다. 어떤 교회에 가든 자연스럽게 들어가 편하게 이야기할 수 있는 느낌, 마치 가족과 함께 있는 것 같은 느낌이 든다. 어색하거나 낯선 분위기를 바꿔야겠다고 생각한 적이 없다.

주님께서 말씀으로 양육하신 사역자들과 전 세계의 그리스도인들을 만나는 것은 참으로 놀라운 일이다. 하나님은 그들에게 성령 안에서 행하는 법과 그리스도인의 삶을 사는 법을 가르쳐 주셨다. 현재 전 세계적으로 그리스도인들이 열정으로 불타오르며, 집회 장소를 가득 채우고 있다. 많은 사람들이 준비되어 있기 때문에 하나님께서 어떤 일이든 하실 수 있다.

> 그는 진리의 영이라 세상은 능히 그를 받지 못하나니 이는 그를 보지도 못하고 알지도 못함이라 그러나 너희는 그를 아나니 그는 너희와 함께 거하심이요 또 너희 속에 계시겠음이라 (요 14:17)

최근에 호주에 갔는데, 거기도 마찬가지였다. 하나님의 능력이 그곳에 아주 강하게 임했다. 우리가 방문한 기간에 호주는 선거를 치렀다. 그런데 미국에서 일어났던 일이 거기서도 동일하게 일어났다. 여론조사 결과 성령으로 충만한 대통령이 당선될 가능성이 거의 없었는데, 그날 저녁의 투표 결과는 그에게 유리하게 돌아갔다. 설교 도중에 그가 이겼다는 소식이 들려왔다. 다음 날 뉴스에는 그가 가족과 함께 교회에 가서 방언으로 기도하는 장면이 보도되었다. 그리고 지금은 나라 전체가 주님을 향한 열정으로 타오르고 있다. 미국에서처럼 사람들은 도무지 무슨 일이 일어났는지 이해할 수 없었지만, 하나님은 아신다. 지난 2년 반 동안 목격한 것들로 인해 나는 큰 격려를 받았다.

나는 은퇴할 때까지 29년 동안 사우스웨스트 항공사에서 일했다. 처음부터 그런 경력을 쌓을 생각은 아니었다. 나는 주님께서 사우스웨스트 항공사로 인도하시기 전부터 사역을 하고 있었다. 그런데 그 회사에서 근무하며 많은 것을 배웠고, 그것은 나에게 좋은 경험이 되었다. 나는 그곳에서 강력한 믿음의 친구들을 만났다.

당시 나는 언젠가 주님이 천국에서 경험한 일을 책으로 내거나 전하게 하실 거라고 생각했던 것 같다. 그래서 믿음으로 넥타이와 셔츠를 사두곤 했다. 요즘 넥타이를 매고 다니는 사람이 거의 없다는 사실을 나도 안다. 그래도 TV에 자주 출연하는 편이기 때문에 신경을 쓰고 있다. 이 일을 위해 30년을 기다렸으므로 주님이 맡기신 부르심에 합당한 옷을 입고 싶다.

예수님은 나에게 말씀하셨다. "내가 너를 보내는 것은 단지 개종자를 만들기 위함이 아니라 열방을 제자로 삼기 위함이다." 성서 시대에 제자는 히브리어로 선생을 뜻하는 '랍비'에게 가르침을 받은 사람을 의미했다. 랍비들은 제자들을 데리고 다니며 가르쳤고, 제자들은 그를 랍비 또는 선생이라고 불렀다. 제자disciple는 '훈육'discipline이라는 단어에서 나왔다. 따라서 제자는 선생의 훈육에 복종해야 한다. 제자들은 랍비의 일을 계승하도록 훈련된 사람들이다.

Receiving from Heaven

"내가 너를 보내는 것은 단지 개종자를 만들기 위함이 아니라 열방을 제자로 삼기 위함이다."

내가 그리스도인으로서 발견한 사실은 다음과 같다. 우리는 좋은 말을 듣거나 어쩌다 주님의 방문을 받고 영의 세계를 경험하기 위해 여기 있는 것이 아니다. 그건 분명 좋은 경험이다. 하지만 예수님을 만났을 때, 나는 주님이 우리의 성품에 관심이 많으시다는 사실을 깨달았다. 주님은 위로보다는 성품에 대해 더 많이 말씀하셨다.

우리가 평탄한 삶을 살지 못한다고 느낄지라도, 실제로는 하나님의 뜻 가운데 있을 때가 있다. 나는 이 부분에 대해 더 많이 가르쳐야 할 필요가 있다고 생각한다. 영적 전쟁이 벌어지는 이 땅에서의 삶이 쉽지만은 않기 때문이다.

지금은 너희가 근심하나 내가 다시 너희를 보리니 너희 마음이 기쁠 것이요 너희 기쁨을 빼앗을 자가 없으리라 그 날에는 너희가 아무것도 내게 묻지 아니하리라 내가 진실로 진실로 너희에게 이르노니 너희가 무엇이든지 아버지께 구하는 것을 내 이름으로 주시리라 지금까지는 너희가 내 이름으로 아무 것도 구하지 아니하였으나 구하라 그리하면 받으리니 너희 기쁨이 충만하리라 (요 16:22-24)

∴
더 이상 낙담과 실망은 없다

내가 사역 현장에 뛰어들었을 때, 처음에는 교사로 섬겼고 나중에는 '전사의 노트'Warrior Notes라는 사역 학교의 총장이 되었다. 나는 내가 천국에서 본 진리를 사람들에게 전해야 한다는 것을 알았다. 체험만 하는 것이 아니라 사람들이 변화를 경험하도록 영적 분위기를 조성해야 한다는 것을 알게 되었다. 초자연적인 것을 경험할 수는 있지만, 그런 것들은 곧 사라져 버린다. 그러면 또 다른 체험을 기다리게 된다.

　내가 천국에 있을 때, 주님은 우리가 영적 체험이나 하나님의 능력만을 구하며 살아서는 안 된다는 것을 알려 주셨다. 우리는 끊임없이 순복하여 하나님의 능력 안에서 행해야 한다. 그 당시에는 나와는 상관없는 것처럼 느껴졌지만, 직접 경험하지 않더라도 천국의 절대 진리를 믿어야 함을 알았다.

> 나에게 이르시기를 내 은혜가 네게 족하도다 이는 내 능력이 약한 데서 온전하여짐이라 하신지라 그러므로 도리어 크게 기뻐함으로 나의 여러 약한 것들에 대하여 자랑하리니 이는 그리스도의 능력이 내게 머물게 하려 함이라 (고후 12:9)

Receiving from Heaven

주님은 우리가 영적 체험이나 하나님의 능력만을 구하며 살아서는 안 된다는 것을 알려 주셨다. 우리는 끊임없이 순복하여 하나님의 능력 안에서 행해야 한다.

　하나님께서 말씀하실 때, 그것이 우리가 접해 왔던 것과 정반대일 수 있다. 하나님이 말씀하신 것 중 어떤 일도 우리 삶에서 일어나지 않은 것일 수도 있는데, 그때가 바로 우리가 감격해야 할 때이다. 왜냐하면 하나님은 절대로 우리 힘으로 할 수 있는 일을 하라고 명령하시지 않기 때문이다. 그분은 약할 때 주님을 의지하라고 하신다. 그러면 그분이 우리를 강하게 해 주신다. 사도 바울이 바로 이것에 대해 가르쳤다. 그는 자신의 약함을 자랑했다. "나의 여러 약한 것들에 대하여 자랑하리니 이는 그리스도의 능력이 내게 머물게 하려 함이라"(고후 12:9).

> 이와 같이 성령도 우리의 연약함을 도우시나니 우리는 마땅히 기도할 바를 알지 못하나 오직 성령이 말할 수 없는 탄식으로 우리를 위하여 친히 간구하시느니라 (롬 8:26)

바울은 성령께서 우리의 강함이 아니라 약함 가운데 오신다고 말한다. 주님은 우리의 약함 가운데 오시고, 우리를 일으켜 세우시며, 우리로 성령의 영향력 아래 하나님의 완전하신 뜻을 구하게 하신다. 일상의 모든 상황 속에서 우리는 어디까지이고, 하나님은 어디에서 시작하시는지 알아야 한다. 우리는 매일 성령의 사역에 순복해야 한다.

수술대 위에서 한 번 죽었던 나에게는 하루하루가 선물이다. 내가 숨 쉬는 모든 호흡도 선물이다. 왜냐하면 내가 수술대 위에서 몸 밖으로 나와 그 방을 돌아다녔는데도 도저히 내 몸으로 다시 돌아갈 수 없었던 것을 기억하기 때문이다. 더 이상 우리가 자신의 삶을 통제하지 않고 하나님이 우리를 소유하실 때, 그 느낌은 참으로 놀랍다. 나의 삶은 봉인되었다. 나는 내 몸으로 돌아갈 수 없었다.

나는 수술대 위에 있는 내 몸을 보며 내가 아는 모든 것을 쥐어짜 생각해 내려고 했다. 전에 받은 신학 학위가 있었지만, 당시 내가 통제 불능 상태였기 때문에 학위는 전혀 도움이 되지 않았다. 이 경험을 통해 두 영역이 어떻게 작동하는지 배웠다.

이 땅에서 우리가 약함을 경험하는 이유는 이 세상이 타락했기 때문이다. 바로 앞에 있는 누군가에게 무언가를 해달라고 요청했을 때, 우리가 요청한 것을 그가 무시하여 하지 않을 수도 있고, 방금 뭐라고 말했느냐고 되물을 수도 있다. 어떻게 바로 앞에서 방금 말한 것을 잊을 수 있단 말인가? 그만큼 세상이 타락했기 때문이다. 그렇기 때문에 모든 일을 항상 신뢰할 수 있는 것이 아니며, 하나님이 세상을 만드셨을 때의 방식대로 돌아가는 것도 아니다.

내가 천국에 있을 때, 거기 있는 모든 것이 완벽하고 언제나 완벽한 상태라는 것을 깨달았다. 천국에는 우리가 이 땅에서 경험하는 한계라는 것이 없다. 죽어서 천국을 마주해 본 사람이라면 누구든 다시 이 땅으로 돌아오고 싶지 않을 것이다. 심지어 어떻게 죽었는지조차도 모를 것이다. 자신이 죽었다는 말을 듣지 못했고, 죽기 직전에 무슨 일이 일어났는지조차 잊어버렸기 때문이다. 나도 무슨 일이 일어났는지 몰랐는데, 아무도 나에게 설명해 주지 않았다. 나는 영적으로 승진되고 있었고, 모든 사람이 축제를 벌이고 있었다.

Receiving from Heaven

예수 그리스도께서 거하시며 우리를 위해 만드신 완전한 세상, 천국에서는 모든 것이 완벽하다.

그리스도인이 천국에 가는 것은 크게 축하할 일이다. 그곳은 완벽하며 어떤 제한도 없다. 그곳에서 주님이 우리의 삶을 되돌아보고 세상을 볼 수 있게 해주셔서 처음으로 그것을 분명하게 보게 될 것이다. 우리는 예수님을 분명하게 볼 것이며, 우리 삶의 모든 상황들을 보고, 우리가 결코 타락한 세상을 위해 지음 받은 존재가 아님을 깨달을 것이다. 태초에 하나님이 사람을 창조하신 방식은 주님의 형상대로 빚어지는 것이었다.

천국에는 실망disappointments 같은 것은 없다. 오직 약속appointments이 있을 뿐이다. 낙심discouragement이 없고, 대신 용기couragement가 있다. 이런 것들이 이 땅에서 사라져 가기 때문에 우리는 스스로 격려하며, 자신에게 잘할 수 있다고 말해야 한다. 심지어 사람들이 우리를 조롱하거나 그보다 더 심한 경우를 당할지라도, 우리는 사람들이 우리를 인정해 주고 있다고 스스로에게 말해야 한다. 이 땅에서 우리는 항상 잘 해내야 한다는 압박감을 느낀다. 그러나 하나님은 우리가 완벽한 세상에서 살도록 계획하셨다.

거듭날 때, 우리의 영은 하나님의 의도대로 회복된다. 기도할 때, 우리는 하나님께서 즉시 응답해 주시기를 기대한다. 휠체어에 앉은 사람을 보면, 그를 잡아 일으켜 세우고는 이렇게 말하고 싶어 한다. "예수님의 이름으로 치유받고 걸을지어다." 그렇게 느끼는 이유는 우리의 영이 모든 사람을 향한 하나님의 뜻을 알고 있기 때문이다. 그들이 잘못된 것은 그들의 잘못이 아니라 세상이 타락하고 공평하지 않기 때문이다.

이 세상에서 우리는 제한을 받는다. 물론 그것은 공평하지 않다. 그러나 예수 그리스도께서 거하시며 우리를 위해 만드신 완전한 세상, 천국에서는 모든 것이 완벽하다. 우리는 그곳에서 아름다운 집을 얻고, 모든 것이 정확하게 우리가 바라는 방식대로 이루어질 것이다. 일찍 세상을 떠난 모든 아이들은 곧장 천국으로 가서 우리를 기다리고 있다.

> 모든 눈물을 그 눈에서 닦아 주시니 다시는 사망이 없고 애통하는 것이나 곡하는 것이나 아픈 것이 다시 있지 아니하리니 처음 것들이 다 지나갔음이러라 (계 21:4)

천국에는 많은 아이들이 있었다. 그들은 생명의 강에서 놀며 부모가 오기를 기다리고 있었다. 하나님께서 그들을 일정한 나이에 붙들어 놓으셨는데, 부모들을 만나게 하기 위해서였다. 하나님 아버지는 원하시는 것은 무엇이든 하실 수 있으며, 이 땅에서 겪은 끔찍한 일들에 대해 모든 사람이 보상받게 하신다. 하나님은 우리의 모든 눈물을 닦아 주신다.

> 믿음이 없이는 하나님을 기쁘시게 하지 못하나니 하나님께 나아가는 자는 반드시 그가 계신 것과 또한 그가 자기를 찾는 자들에게 상 주시는 이심을 믿어야 할지니라 (히 11:6)

Receiving from Heaven

천국에서는 아무도 우리가 실패할 것이라고 생각하지 않는다.

하나님은 부지런히 주님을 찾는 이들에게 상 주시는 분이며, 모든 것을 기록하고 계신다. 이 땅에서 우리가 하는 모든 일이 기록되며, 우리는 그것에 대해 보상을 받을 것이다. 천국에서는 실패를 선택할 수 없다. 우리를 돕기 위해 보냄 받은 천사들은 절대 우리가 실패할 것이라고 생각하지 않는다. 천국에서는 아무도 우리가 실패할 것이라고 생각하지 않는다. 그들 모두가 우리를 사랑하기에 지지하며 응원하고 있다.

> 내가 주께 감사하오음은 나를 지으심이 심히 기묘하심이라 주께서 하시는 일이 기이함을 내 영혼이 잘 아나이다 (시 139:14)

천국에 있는 모든 이들은 우리가 이 땅에서 기쁨으로 경주를 다하고, 하나님께서 이 세대를 마무리해 주시길 바란다. 그것이 바로 하나님이 원하시는 일이기 때문이다. 우리가 여기서 겪고 있는 모든 일은 매우 실망스럽지만, 그것은 우리가 아주 복잡한 존재이기 때문이다. 우리는 매우 기묘하게 지어졌다. 우리는 경이롭게, 멋지게 지어졌다.

천국에는 실망disappointments 같은 것은 없다. 오직 약속appointments이 있을 뿐이다. 낙심discouragement이 없고, 대신 용기couragement가 있다.

하나님은 우리가 완벽한 세상에서 살도록 계획하셨다.

Chapter 8

하나님과 동역하기

내가 그리스도와 함께 십자가에 못 박혔나니 그런즉 이제는 내가 사는 것이 아니요 오직 내 안에 그리스도께서 사시는 것이라 이제 내가 육체 가운데 사는 것은 나를 사랑하사 나를 위하여 자기 자신을 버리신 하나님의 아들을 믿는 믿음 안에서 사는 것이라 (갈 2:20)

Chapter 8
Receiving from Heaven

주께서 이르시되 가라 이 사람은 내 이름을 이방인과 임금들과 이스라엘 자손들에게 전하기 위하여 택한 나의 그릇이라 (행 9:15)

아브라함이 그랬고, 모세가 그러했듯이, 지금까지 무엇이든 하나님과 함께 일한 사람은 모두 주님의 동역자였다. '동역한다' partnering 는 것은 누군가와 관계를 맺고 "당신이 무엇을 하든, 나도 하겠습니다"라고 말하는 것이다. 나는 나보다 지위가 높고 탁월한 사람을 찾아 동역한다. 내가 그런 사람들과 언약을 맺는 이유는, 그들이 얻는 모든 것을 내가 다 받기 때문이다.

예수님의 이름으로 두 사람 이상이 모일 때, 주님은 그 가운데 계신다(마 18:20 참고). 우리 중 두 사람이 합심하여 구하면 하늘 아버지께서 이루게 하시리라고 하셨다(마 18:19 참고). 여기에 어떤 제한 사항도 기록되지 않았다. 예수님은 또한 이렇게 말씀하셨다. "구하라 그리하면 너희에게 주실 것이요 찾으라 그리하면 찾아낼 것이요 문을 두드리라 그리하면 너희에게 열릴 것이니"(마 7:7-8). 예수님께서 말씀하신 이런 약속들에는 어떠한 제한 사항도 없다. 아무것도 우리를 제한하지 않는다. 천국에는 자세히 봐야만 아는 계약 세부조항 같은 것이 없다. 모두 큰 활자로 인쇄되어 있으며, 모든 것이 분명하게 공개되어 있다.

Receiving from Heaven

> 우리는 천국의 것을 흘려 보내는 통로가 되어야 한다.
> 하나님은 우리를 주님 안에 있는 모든 충만으로 채우셨다.
> 그 충만함 가운데 있는 한, 우리는 모든 영역을 완벽하게 다스릴 것이다.

하나님은 전능하신 분이다. 만일 우리가 구하는 것이 하나님께 없다면, 그분은 우리를 위해 그것을 만들어 내실 것이다. 주님께는 그것이 그리 대단한 일이 아니다. 우리는 하나님이 우리를 어떤 길로 나아가게 하시고, 우리에게 무슨 일을 맡기시는지 깨달아야 한다.

우리가 성령이 이끄시는 대로 흘러가다가 천국의 공급을 받게 되면, 하나님이 우리에게 명하시는 것을 행하게 될 것이다. 삼손처럼 당나귀 턱뼈를 집어 휘두르거나 모세처럼 손에 든 지팡이를 던져 뱀으로 만들어야 할지도 모른다. 어떻게 그런 일이 일어났는지 설명하지 못할 수도 있다. 모세가 행한 일은 도무지 말도 안 되는 일 같아 보이지만, 그 당시 문화가 옳지 않았기 때문에 그것은 사실 반문화적counterculture인 일이었다. 시스템이 망가졌기 때문에 시스템에 역행한 것이다.

우리는 그저 살아남기 위해 모여서는 안 된다. 우리는 천국의 것을 흘려 보내는 통로가 되어야 한다. 하나님은 우리를 주님 안에 있는 모든 충만으로 채우셨다. 그 충만함 가운데 있는 한, 우리는 모든 영역을 완벽하게 다스릴 것이다. 그런 일이 일어나면, 아무도 우리를 통제할 수 없을 것이다.

이 세상은 모든 것이 부채 시스템 속에 돌아가도록 설계되어 있다. 그렇게 해서 우리를 지배하려 한다. 하나님께서 금을 만드시고 인간이 그것을 복제할 수 없게 하신 이유가 여기에 있다. 하나님은 금을 복제하지 못하게 막아 놓으셨다. 금이 천국 시스템의 기반이기 때문이다.

미국이 금본위제를 만든 것은 아주 잘한 일이었다. 보유한 금만큼 돈을 인쇄한다면, 사탄이 사람들을 통제할 길은 없었다. 그런데 미국정부가 달러를 유통시키려는 목적으로 금본위제에서 벗어났다. 다시 말해서 자신들이 원하는 만큼 거의 무한대로 돈을 찍어내서 달러를 유통시켰다는 말이다. 화폐제도는 일단 (소유한 적도 없는 것을) 도둑맞은 것처럼 여기고 되갚기부터 해야 하는 시스템으로 설정되어 있다(달러를 금 보유량 이상으로 무한대로 찍어 내면 그만큼 빚이 발생하기 때문에 모든 경제활동은 그 빚을 갚는 것으로 귀결된다. 일상 경제에서는 그것이 잘 보이지 않기 때문에 저자는 그 모순을 지적하였다 - 역자 주).

금을 하나님의 소유로 만드신 것처럼 그분은 에덴동산에서 비슷한 일을 하셨다. 선악과가 하나님의 것이므로, 아담과 하와가 먹지 못하게 금하신 것이다. 하나님은 선과 악에 대한 지식을 다룰 수 있는 분이셨지만, 아담과 하와는 그럴 수 없었다.

하나님은 우리를 그분의 형상대로 만드셨다. 우리는 하나님의 형상일 뿐 하나님은 아니다. 하나님은 아담과 하와에게 선과 악을 아는 지식이 없다 할지라도, 그들이 선을 택할 수 있으리라는 사실을 아셨다. 우리는 하나님의 형상대로 창조되었지만, 그분을 닮은 존재일 뿐 그분과 동일한 존재는 아니다. 우리가 금을 만들 수 없듯이, 하나님이 될 수도 없다.

하나님께서 어떤 상황을 막으시는 과정이 있다. 우리는 하와처럼 금지된 것에 집중해서는 안 된다. 하와는 동산 중앙에 있는 나무의 열매를 먹지 않음으로 놓치고 있는 것에만 집중했다. 그러나 그녀는 아무것도 놓치지 않고 있었다. 하와는 선과 악의 차이를 알 필요가 없었다.

하나님은 모든 것에 충만하신 분이다. 주님은 자신을 위해 금을 만드셨고, 사람들이 그것을 만들 수 없게 하셨다. 또한 선악을 아실 뿐만 아니라 언제나 선을 택하실 수 있다. 지금은 우리 눈이 열려 선과 악을 구별할 수 있지만, 우리의 연약함 때문에 항상 선을 택할 수는 없다. 이것이 우리가 매일의 삶 속에서 맞닥뜨리는 영적 전쟁이다.

나는 천국에서 '하나님이 우리의 원천이시기 때문에 우리는 매일 모든 것에 충만하신 주님께 집중해야 한다'는 사실을 깨달았다. 우리는 절대로 하나님이 될 수 없지만, 하나님을 닮을 수는 있다. 하나님이 항상 우리의 원천이 되시고, 따라서 우리에게는 항상 주님이 필요하다. 하나님께서 그렇게 만드셨다. 하나님은 우리가 하나님이 되지 못하게 제한을 두셨다.

부자는 가난한 자를 주관하고 빚진 자는 채주의 종이 되느니라 (잠 22:7)

Receiving from Heaven

하나님이 우리의 원천이시기 때문에
우리는 매일 모든 것에 충만하신 주님께 집중해야 한다.

이 땅의 시스템은 통제를 위한 싸움이다. 나는 사람들이 이 시스템으로부터 벗어나 거기에 통제당하지 않도록 알려 줘야 한다. 또한 그 통제로부터 사람들을 해방시켜야 한다. 사람들 스스로 모든 것을 누릴 수 있어야 한다. 다시 말해, 부채로부터 벗어나 빌리는 사람이 아니라 빌려 주는 사람이 되어야 한다.

그러나 그것은 너희가 너희 하나님 여호와께 온전히 순종하고 내가 오늘 너희에게 주는 그 모든 명령들을 삼가 잘 지키면 그렇게 될 것이다. 너희 하나님 여호와께서 약속하신 대로 너희를 복 주실 것이니 너희가 많은 민족들에게 빌려 주고 꾸지 않을 것이다. 너희는 많은 민족들을 다스릴 것이고 어느 누구도 너희를 다스리지 않을 것이다. (신 15:5-6, 우리말 성경)

하나님은 모든 것에 충만하신 분이다. 하나님이 오셔서 "더 이상 가난은 없다"고 말씀하시면, 그렇게 되어야만 한다. 성경에서 번영이라는 말이 얼마나 많이 나오는지 아는가? 하나님은 한 번도 우리가 가난해지는 것을 계획해 보신 적이 없다. 어느 교단은 가난을 교회의 모토로 삼기도 하는데, 이런 식의 사고방식은 마귀의 영향으로부터 온 것이다.

나는 오직 사랑 안에서 진리를 말함으로 이 세대에 선한 영향을 미치는 사람이 될 것이다. 나는 주 예수 그리스도 앞에 서야만 한다. 물론 이미 주님 앞에 서 보았기에, 그분이 나의 보상이라는 것을 안다. 나는 이미 상을 받았다. 그분과 함께 시간을 보낼 수 있었기 때문이다. 그분은 나를 확실하게 인정해 주셨다. 주님과 마주볼 수 있는 당신도 예수님의 인정을 받았다. 그러나 이 세상에서 우리는 고난을 당할 것이다(요 16:33 참고).

내게 가장 어려운 일은 사람들로 하여금 초자연적인 세계를 접하게 하는 것이다. 사람들은 초자연적인 것을 원하지만, 그것은 저절로 경험할 수 있는 것이 아니다.

그것은 마치 치유받으려고 베데스다 연못가에서 물이 동하기를 기다리던 남자와 같다(요 5:1-15 참고). 그는 바로 앞에 치유자 예수님이 계신 것을 알아보지 못하고, 어쩌다가 천사가 내려와 물을 동하게 한다는 이야기를 하고 있었다. 우리도 마찬가지다. 치유자가 바로 여기 계시는데도 초자연적인 사건으로 물이 동하기만을 기다린다. 그 병자는 예수님이 도와주실 거라고 생각하여 물이 동할 때 자기를 연못가에 데려다 달라고 부탁했다. 이에 주님께서 대답하셨다. "네 침상을 들고 일어나 걸으라."

예수께서 대답하여 이르시되 네가 만일 하나님의 선물과 또 네게 물 좀 달라 하는 이가 누구인 줄 알았더라면 네가 그에게 구하였을 것이요 그가 생수를 네게 주었으리라 (요 4:10)

Receiving from Heaven

핵심은 하나님이 모든 것에 충만하신 분이며,
우리가 그분과 동역할 때 천국으로부터 받아 누릴 수 있다는 사실이다.

예수님은 우물가의 여인에게 다음과 같이 말씀하셨다. "네가 물 좀 달라 하는 이가 누구인 줄 알았더라면." 주님이 바로 그 자리에서 그 여인에게 생수를 주셨다. 사람들은 예수님이 누구인지 알아차리지 못하여 받지도 못한다. 여기서 핵심은 하나님이 모든 것에 충만하신 분이며, 우리가 그분과 동역할 때 천국으로부터 받아 누릴 수 있다는 사실이다.

주께서 이르시되 가라 이 사람은 내 이름을 이방인과 임금들과 이스라엘 자손들에게 전하기 위하여 택한 나의 그릇이라 (행 9:15)

이 구절에서 주님은 어떻게 바울이 주님의 그릇으로 선택받았는지 말씀하신다. 바울이 그리스도인들을 잡아 죽이려 했기 때문에, 그 당시 믿는 사람들은 바울을 두려워했다. 하나님은 기적을 일으키셔서 사람들을 변화시키실 수 있다. 그리고 우리를 바꾸실 수도 있다. 우리는 반드시 변화되어야 한다. 진리가 올 때, 성령을 통하여 살아 있는 진리로 변화된다. 그러면 우리는 살아 있는 믿음을 갖게 되며, 주님과 살아 있는 관계를 맺는다.

Receiving from Heaven

우리에게 필요한 변화는 주님 안에 있다.

천국에 있을 때, 나는 주님이 특정 교단이나 시스템에 속한 분이 아니라는 사실을 깨달았다. 예수님은 스스로 계신 분이다. 솔직히 말하자면, 어떤 교단도 그분의 인격에 근접할 수 없다. 그들은 그저 알려진 계시의 분량만큼 주님을 섬길 뿐이다. 그러나 세상은 주님의 말씀으로 만들어졌다.

> 내가 그리스도와 함께 십자가에 못 박혔나니 그런즉 이제는 내가 사는 것이 아니요 오직 내 안에 그리스도께서 사시는 것이라 이제 내가 육체 가운데 사는 것은 나를 사랑하사 나를 위하여 자기 자신을 버리신 하나님의 아들을 믿는 믿음 안에서 사는 것이라 (갈 2:20)

∴

은총은 공평하지 못하다

우리가 구원받고 거듭나 성령으로 충만하다면, 하나님과 동행하는 사람들이다. 단계가 하나 더 있는데, 그것을 은총^{favor}이라고 부른다. 은총은 모든 사람에게 공평하게 주어지지 않는다. 하나님이 우리에게 은총을 주시는 이유는, 우리가 하나님을 매우 기쁘시게 해드렸기 때문이다. 에녹처럼 하나님이 우리에게 찾아오셔서 데려가실 수도 있다. 하나님은 에녹으로 인해 크게 기뻐하고 즐거워하셨다. 그래서 그를 데려가셨다. 예수님께서 나에게 그렇게 설명해 주셨다.

주님은 다음과 같이 말씀하셨다. 우리가 하나님과 동역하려면, 우리 인생이 더 이상 우리 것이 아니요, 남은 인생 동안 주님이 우리 몸을 통해 살아가게 해드려야 한다고 말이다. 우리 자신을 주님께 바치면, 우리의 모든 일이 다 형통하기에 사람들이 우리에게 화를 낼 것이다. 우리는 은총을 받을 것이다.

Receiving from Heaven

> 우리가 하나님과 동역하려면,
> 우리 인생이 더 이상 우리 것이 아니요,
> 남은 인생 동안 주님이 우리 몸을 통해 살아가게 해드려야 한다.

네 하나님 여호와께서 네게 기업으로 주신 땅에서 네가 반드시 복을 받으리니 너희 중에 가난한 자가 없으리라 (신 15:5)

"너희 중에 가난한 자가 없으리라." 사람들은 왜 이 구절을 이해하지 못할까? 구약에서 하나님은 "여호와께서 너를 머리가 되고 꼬리가 되지 않게 하시며"(신 28:13)라고 하셨고, 또 "네가 여러 나라에 꾸어 줄지라도 너는 꾸지 아니하겠고"(신 15:6)라고 약속하셨다.

예수님을 만났을 때, 주님은 놀라운 새 언약(더 나은 약속들로 이루어진 더 나은 언약)을 이루어 놓으셨는데도, 우리가 가난을 선택하는 것 때문에 마음 아파 하셨다. 우리는 병에 걸리거나 귀신에 시달리거나 관계에 문제가 있는 것을 선택하고 있다. 그리하여 마귀가 많은 이들을 그 모든 영역 속에 가둬 버렸다. 하지만 이미 식탁은 차려졌고, 치유가 이미 상에 놓여 있다. 우리는 원하는 만큼 얼마든지 먹을 수 있다. 형통과 건강과 해방도 하나님으로부터 온다.

하나님은 선한 것만 가지고 계시기에 우리에게 어떤 나쁜 것도 주실 수 없다.

> 온갖 좋은 은사와 온전한 선물이 다 위로부터 빛들의 아버지께로부터 내려오나니 그는 변함도 없으시고 회전하는 그림자도 없으시니라 (약 1:17)

모든 좋은 것이 빛의 하늘 아버지로부터 온다. 문제는 우리가 하나님의 인격을 이해하지 못해서 그분을 믿지 못하고, 신뢰하지 못한다는 것이다. 하나님은 절대로 우리에게 나쁜 것을 주지 않으신다.

예수님이 이 땅에 계셨을 때, 그분은 두루 다니시며 선한 일을 행하시고 마귀에게 눌린 모든 자를 고치셨다(행 10:38 참고). 주님은 이렇게 말씀하셨다. "도둑이 오는 것은 도둑질하고 죽이고 멸망시키려는 것뿐이요 내가 온 것은 양으로 생명을 얻게 하고 더 풍성히 얻게 하려는 것이라"(요 10:10). 그분은 생명을 얻기에 충분할 뿐만 아니라 우리에게 넘치는 생명을 얻게 하겠다고 말씀하셨다. 하나님은 선하신 분이고, 우리에게 은총을 베풀기 원하시는 분이라는 사실을 깨달을 때, 우리의 생각과 마음에 변화가 일어난다.

Receiving from Heaven

> 하나님은 선하신 분이고,
> 우리에게 은총을 베풀기 원하시는 분이라는 사실을 깨달을 때,
> 우리의 생각과 마음에 변화가 일어난다.

하나님의 선하심

나는 사람들에게 지옥에 대해 전하여 두려움에 회개하고 싶어지게 만들 수도 있다. 나는 항상 지옥 가운데 살아가는 사람들을 만난다. 그들은 지옥으로 향하고 있는데도 괜찮다고 한다. 그러나 그들의 삶은 실패와 혼란으로 엉망이다. 그래서 내가 그 지옥 같은 혼돈을 몰아내 준다. 그러면서 그들에게 말씀을 전하지만, 그들이 구원받는 것은 아니다.

지옥, 곧 귀신들이 떠나갈 때, 그 사람들의 얼굴은 일그러진다. 천사들이 오기 때문에 그들은 눈을 껌뻑이며 섬광을 본다. 그리고 동시

에 귀신들이 떠나간다. 그들은 아직 온전히 구원받지는 못했지만, 귀신으로부터 잠시 해방되어 울기 시작한다. 나는 그들에게 주님께서 그들의 인생을 원하신다고 말하며 같이 기도하자고 청한다. 그런 일이 일어나는 이유는 지옥이 떠나가고 그들이 복음을 볼 수 있는 자리에 이르렀기 때문이다. 그들은 복음에 참여하고 싶어 한다.

우리는 왜 그리스도인으로서 우리를 위해 차려진 풍성한 식탁에 가서 풍족하게 먹으려 하지 않는 것일까? 왜 천국에 가서야 그렇게 하리라고 기다리고만 있을까? 천국에서는 풍성한 공급이 필요 없을 것이다. 번영과 치유를 천국에서 받아야 할 필요는 없다. 나는 이 땅에 있는 동안 부활의 능력으로 행할 것이다.

> 내게 주신 하나님의 은혜를 따라 내가 지혜로운 건축자와 같이 터를 닦아 두매 다른 이가 그 위에 세우나 그러나 각각 어떻게 그 위에 세울까를 조심할지니라 이 닦아 둔 것 외에 능히 다른 터를 닦아 둘 자가 없으니 이 터는 곧 예수 그리스도라 만일 누구든지 금이나 은이나 보석이나 나무나 풀이나 짚으로 이 터 위에 세우면 각 사람의 공적이 나타날 터인데 그 날이 공적을 밝히리니 이는 불로 나타내고 그 불이 각 사람의 공적이 어떠한 것을 시험할 것임이라 만일 누구든지 그 위에 세운 공적이 그대로 있으면 상을 받고 누구든지 그 공적이 불타면 해를 받으리니 그러나 자신은 구원을 받되 불 가운데서 받은 것 같으리라 너희는 너희가 하나님의 성전인 것과 하나님의 성령이 너희 안에 계시는 것을 알지 못하느냐 누구든지 하나님의 성전을

더럽히면 하나님이 그 사람을 멸하시리라 하나님의 성전은 거룩하니 너희도 그러하니라 (고전 3:10-17)

이제는 더 이상 이런 구절을 많이 가르치지 않는다. 바울은 1,900년 전에 이것을 가르쳤다. 그 당시 교회 안에서는 아나니아와 삽비라가 성령님께 거짓말을 해서 죽은 사건이 일어났었다(행 5:1-11 참고). 당시 교회에는 성도가 5천 명 정도 있었다. 그런데 오늘날에는 사역하면서 아나니아와 삽비라보다 더 심한 죄를 짓고도 죽지 않고 살아 있는 사람들이 많다. 사람들이 미혹에 빠지는 지경에 이르기도 한다는 말이다.

하나님을 향한 우리의 믿음과 신뢰는 우리가 살고 기동하며 존재하는 환경을 만들어 낸다(행 17:28 참고). 우리는 은총을 받았고, 귀신들도 그 사실을 안다. 따라서 우리가 하는 모든 일이 번영할 것이다(신 30:10 참고). 신약 시대를 사는 우리는 구약 시대 사람들보다 더 나은 삶을 살아야 한다. 구약 시대에는 작물을 심고 가축을 키우는 것을 번영이라고 믿었다.

아브라함을 보라. 앞에서도 보았지만, 하나님께서 아브라함에게 고향을 떠나라고 하셨다(창 12:1-3 참고). 그 후 얼마 지나지 않아 성경은 아브라함이 가축과 은과 금 등이 많은 부자가 되었다고 기록한다(창 13:2 참고). 그것은 하나님과 동역한 결과였다. 하나님께서 아브라함에게 말씀하셨다. "너로 큰 민족을 이루고"(창 12:2). 하나님은 그의 이름을 아브람에서 아브라함으로 바꿔 주시고, 그에게 열국의 아비가 되리라고 말씀하셨다.

하나님은 아브라함을 약속의 땅으로 데려가셨는데, 결국 그 땅이 나중에 이스라엘이 되었다. 이것은 하나님이 어떻게 이스라엘과 관계를 맺기 시작하셨으며, 아브라함이 어떻게 우리의 조상이 되었는지에 관한 이야기다. 우리는 예수님을 통해 더 나은 언약을 받았지만, 우리가 접붙임 받았기 때문에 여전히 아브라함의 언약 안에 있다(롬 11:17-18 참고). 하나님은 계속 아브라함의 믿음을 자랑하신다.

새 언약 아래 있는 우리에 대해 천국에 기록된 내용들은 상상을 초월한다. 현재의 우리에 대해 천국에 기록되어 있는 문서를 본다면, 아마 놀라서 정신을 잃을 것이다. 나는 무서운 지옥에 대해 설교해서 사람들이 천국을 갈망하게 만들 수도 있고, 하나님의 선하심에 대해 이야기하여 회개하게 할 수도 있다. 그러나 사람들에게는 무엇보다 하나님의 선하심에 대한 계시가 필요하다. 그러면 그들은 회개하고 싶어질 것이다.

Receiving from Heaven

> 하나님을 향한 우리의 믿음과 신뢰는 우리가 살고 기동하며 존재하는 환경을 만들어 낸다.

내가 죽어서 주님이 천국으로 데려가셨을 때, 그곳에 계속 머물고 싶었다. 주님은 말씀하셨다. "나는 너를 다시 세상으로 돌려보낼 것인데, 여기서 본 것이나 내가 말해 준 것들을 다 기억할 수 있게 될 것이다. 그러면 네가 모든 사람에게 진리를 전하여 실패하지 않을 것이다." 사실 나는 돌아오고 싶지 않았다.

그래서 주님께 이렇게 대답했다. "저는 다시 돌아가고 싶지 않아요. 거긴 모든 게 엉망이에요." 그러자 주님이 내 눈을 열어 모든 상황을 있는 그대로 보여 주셨다. 그리고 이렇게 말씀하셨다. "이것은 너에 관한 것이 아니다. 네가 돌아가면, 내가 사람들을 새로운 길로 인도할 것이다. 그들은 잘못된 길을 버리고 바른 길로 가게 될 것이다. 네가 돌아가면, 모든 세대를 변화시키고 역사를 변화시킬 수 있다. 많은 이들의 삶이 그렇게 끝나지 않을 것이다." 주님은 이어서 이렇게 말씀하셨다. "너는 실패할 수 없다. 네가 돌아가면, 절대로 실패하지 않을 것이다. 그것은 분명한 사실이다."

전에는 한번도 누가 내게 이런 식으로 말하는 것을 들어 본 적이 없었다. 나는 주님을 바라보았다. 그분은 예수님이시며 거짓말할 수 없는 분이었다. 예수님이 다시 말씀하셨다. "너는 이미 충성을 다하여 마무리했다. 그러므로 네가 돌아가면 그 모든 것은 별도의 공적으로 쌓일 것이다. 그뿐 아니라, 모든 것이 온전히 너에게 유리하게 흘러갈 것이다. 너는 그저 사람들 앞에 서서 말을 전하면 된다. 내가 가서 네가 할 말을 알려 줄 것인데, 내가 말을 마칠 때, 너도 말을 마치고 떠나면 된다."

그래서 나는 이 땅으로 돌아왔다. 천국에서 돌아온 이후부터 초자연적인 일들이 일어나기 시작했다. 내가 사도나 선지자, 목사, 교사, 전도자라서 그런 일들이 일어난 것이 아니었다. 방언으로 기도하는 평범한 그리스도인이었기 때문에 일어난 일이었다. 예수님은 나에게 이것을 23년 동안 말하지 말라고 하셨고, 나는 그분의 말씀대로 하였다. 그러다가 천국에 관해 말하도록 허락받은 순간부터 많은 일들이 일어나기 시작했다. 나는 책을 썼고, TV에 출연했으며, 사역 학교를 세웠다.

우리가 믿는 것이 우리에게 감춰진 이유가 무엇인가? 그것은 우리가 예수님과 동행하는 것과 관계가 있다. 또한 우리에 관해 천국에 기록된 대로 살기 위해 우리 삶을 맡겨 드리는 것과 관계가 있다. 하나님의 자녀 가운데 의미없고 하찮은 존재는 없다. 그런 사람이 있다면, 바로 나다. 내가 그렇게 생각하는 이유는, 너무 많은 것을 알고 있기에 그에 대해 책임을 져야 하기 때문이다. 예수님을 직접 대면하지 않고 그냥 믿음으로 사는 편이 오히려 더 좋았을 것이다. 일단 이 모든 것을 받아들이는 순간, 책임을 져야 하기 때문이다.

마귀들은 내가 말하는 것을 사람들이 알아듣지 못하기를 바란다. 그러나 하나님께서 이미 그 부분에 대해 설정해 놓으셨다. 우리는 능력으로 행할 수 있다. 따라서 어떤 명령을 선포하건 주저하지 말아야 한다. 나는 우리 집의 은밀한 기도 골방에서 전 세계에 흩어진 모든 마귀들을 제압한다. 그리고 세계 곳곳에 있는 사역자들을 위해 기도한다. 페이스북 친구들, 유튜브 구독자들, 사역 학교 학생들, 사역을 후원하는 모든 사람을 위해 기도한다. 누가 우리 사역을 후원하면 내 휴대폰으로 알림이 오고, 나는 그들을 위해 기도하기 시작한다. 왜 그러는가? 모든 것이 나에게 유리하게 돌아가기 때문이다.

Receiving from Heaven

하나님께서 이미 우리가 능력으로 행할 수 있도록 설정해 놓으셨다.
따라서 어떤 명령을 선포하건 주저하지 말아야 한다.

어떤 사람이 죽었다가 다시 살아 돌아온다고 상상해 보라. 그런 사람은 더 이상 죽는 것을 두려워하지 않는다. 그는 마귀가 얼마나 많은 거짓말을 해왔는지, 얼마나 엄청난 거짓말쟁이인지 알기 때문에 마귀에게 비웃어 줄 수 있다. 그래서 마귀가 죽이겠다고 협박할 때, 그는 이런 식으로 대답할 것이다. "너무 늦었어. 난 이미 죽었거든. 뭐 좀 다른 거 없나?" 그런 말을 내뱉기 시작하면, 곧 마귀가 진땀을 흘릴 것이다. 마귀들은 그런 그리스도인들을 많이 접하지 못하기 때문에 긴장한다.

마귀에게는 차선책이 없다는 사실이 그에 관한 비밀이라면 비밀이다. 마귀들은 도박판에 모든 것을 걸어 놓고, 그들이 말하는 모든 것을 우리가 믿을 것이라고 생각한다. 그러므로 우리가 그것을 믿지 않고 거절하며 비웃어 주는 것이야말로 우리가 할 수 있는 최고의 일이다. 마귀가 우리에게 무엇을 말하거나 어떤 짓을 할 때마다 비웃어 보라. 타이어에 펑크가 났을 때, 마귀를 향해 비웃으며 이렇게 말해 보라. "그게 다야? 지금 장난하는 거야?"

나는 예수님이 거라사의 한 남자에게서 귀신들을 쫓아내실 때, 왜 그들이 소리를 질렀는지 늘 궁금했다. 그 귀신들이 조용히 입을 다물고 있었다면 쫓겨나지도 않았을 텐데, 그들은 예수님을 보자마자 비명을 지르기 시작했다. 자신들이 쫓겨나야 한다는 것을 알았던 귀신들은 예수님과 타협해서 그 지역을 떠나지 않는 쪽으로 협상했다. 이 귀신들은 노아의 홍수 이전에 죽어서 육신에서 분리된 영들이었다. 그 영들이 육신을 잃고 땅을 헤매고 다니다가 그 남자에게 들어간 것이다.

마귀는 뿔 달린 무서운 괴물이 아니다. 그는 우리가 자신을 그런 존재로 믿기를 바란다. 마귀는 천상으로부터 떨어진 스랍 천사이고, 우리가 상대해야 하는 귀신들은 한때 이 땅에서 인간의 육신 안에서 살다가 헤매고 다니는 영들이다. 혼종hybrid으로 구원받을 수 없는 이 영들은 우리를 증오한다. 그러나 예수 그리스도 때문에 우리를 거슬러 어떤 권세도 부릴 수 없다.

우리는 마귀 앞에서 강한 모습을 보여야 한다. 그렇게 함으로 우리는 "지극히 거룩한 믿음 위에 자신을 세우며 성령으로 기도하며 하나님의 사랑 안에서 자신을 지킬"(유 1:20-21) 수 있다. 계속 귀신에게 명령하며 모든 책임을 지워야 한다. 그들이 그 영역에 있지 않았다고 발뺌해도 소용 없다. 내가 그렇게 하는 이유는 마귀가 한 짓에 대해 되갚아줘야 하기 때문이다. 마귀는 거짓말쟁이다.

마귀는 붙잡힌 도둑이라서, 일곱 배를 갚아야 할 뿐만 아니라 그가 소유했던 집과 재산을 포기해야 한다(잠 6:30-31 참고). 우리가 아침에 눈을 뜨면 원수에게 위협적인 존재가 된다. 우리가 허락하지 않는 한, 마귀는 아무것도 할 수 없다.

Receiving from Heaven

> 우리가 아침에 눈을 뜨면 원수에게 위협적인 존재가 된다.
> 우리가 허락하지 않는 한, 마귀는 아무것도 할 수 없다.

예수께서 한 어린 아이를 불러 그들 가운데 세우시고 이르시되 진실로 너희에게 이르노니 너희가 돌이켜 어린 아이들과 같이 되지 아니하면 결단코 천국에 들어가지 못하리라 그러므로 누구든지 이 어린 아이와 같이 자기를 낮추는 사람이 천국에서 큰 자니라 또 누구든지 내 이름으로 이런 어린 아이 하나를 영접하면 곧 나를 영접함이니
(마 18:2-4)

예수님은 초등학교 3학년 수준도 안 되는 사람들을 가르치셨다. 주님께서 가르치시며 하신 모든 말씀은 단순했다. 복잡하다면 그것은 참된 기독교가 아니다. 예수님은 하나님 나라를 유업으로 물려받으려면 어린아이같이 되어야 한다고 말씀하셨다. 우리는 순수하고 단순한 믿음으로 천국에 들어간다. 하나님 아버지가 그렇게 말씀하셨으니 그대로 될 것이다. 성령의 능력은 매우 강력하게 하나님의 뜻대로 하려고 한다. 그래서 "마음에는 원이로되 육신이 약하도다"(마 26:41)라고 말씀하신 것이다. 우리의 문제는 믿음이다. 우리는 하나님이 얼마나 선하신 분인지 기억해야 한다.

아침에 일어날 때마다 우리를 향한 하나님의 뜻이 무엇이고, 우리가 이 땅에서 예수님처럼 행할 수 있다는 사실을 깨닫는 것이 큰 기쁨이 된다. 나는 예수님이 이루신 업적에 만족하지 않을 것이다. 나는 보다 큰 일을 기대할 것이다. 나는 더 이상 옛 방식으로 일하지 않을 것이다. 매일 아침 나는 그렇게 말한다. 그것이 내가 천국으로부터 받는 방법이다. 다시 말하지만, 나는 그저 하나님을 사랑하고, 방언으로 기도하며, 마귀와 싸워 이기는 그리스도인일 뿐이다. 당신도 똑같이 될 수 있다. 당신 또한 천국으로부터 제공되는 모든 것을 받을 수 있다.

아내와 내가 이사하는 도시마다 도로가 새로 깔리고, 교통 표지판이 바뀌며, 움푹 패인 길이 메꿔지고, 새로운 건물과 사업체가 들어선다. 그런 일이 처음 일어났을 때, 우리는 반쯤 농담으로 시청에서 도로의 움푹 파인 구멍들을 메꿔 줬으면 좋겠다고 말했다. 그런데 얼마 후에 밖에서 어떤 남자가 그 구멍을 메꾸고 있는 것 아닌가? 우리는 즉시 무언가 특별한 일이 벌어지고 있다는 것을 깨달았고, 이사할 때마다 성령 안에서 기도하며 영적 전쟁을 치렀다.

우리는 이사할 집으로 가서 일주일 동안 방언으로 기도했다. 그러자 우리가 이사하는 곳마다 놀라운 일들이 일어났다. 나는 그것이 일종의 영적 흐름이라는 사실을 깨달았다. 우리는 가는 곳마다 성령 안에서 어떤 일이 일어나는지를 아는 것이 얼마나 중요한지 두 눈으로 보았다.

우리는 마지막 때에 살도록 선택받았기 때문에 천국에 가면 아브라함이 우리를 만나고 싶어 할 것이다. 모든 사도와 선지자들이 기초를 다졌지만, 마지막 때를 살아가는 우리가 그것을 마무리해야 한다. 우리는 매우 중요한 사람들이기 때문에 어디에 사느냐는 문제가 되지 않는다. 다만 우리가 어느 정도 믿고 있는지 재고해야 한다. 우리의 믿음을 더 끌어올려서 하나님으로부터 넉넉하게 받아 누려야 한다.

택배사에 전화해서 아직 물건을 받지 못했다고 하면, 현관문을 열어 봤는지 물어볼 것이다. 그것이 이미 배달되어 문 앞에 놓여 있기 때문이다. 그것은 이미 도착해 있다. 천국으로부터 받는 것은 그만큼 쉬운 일이다. 이미 배달되었기 때문이다. 나는 그것을 천국에서 보았다.

하나님과 우리 주 예수를 앎으로 은혜와 평강이 너희에게 더욱 많을
지어다 그의 신기한 능력으로 생명과 경건에 속한 모든 것을 우리에게
주셨으니 이는 자기의 영광과 덕으로써 우리를 부르신 이를 앎으로 말
미암음이라 이로써 그 보배롭고 지극히 큰 약속을 우리에게 주사 이
약속으로 말미암아 너희가 정욕 때문에 세상에서 썩어질 것을 피하여
신성한 성품에 참여하는 자가 되게 하려 하셨느니라 (벧후 1:2-4)

하나님께서 우리의 삶과 경건에 필요한 모든 것을 예수님을 통해 주셨고, 그 모든 것은 이미 우리에게 배달되었다. 우리가 받은 그 귀한 약속들은 이 세상의 정욕에 부패하지 않게 해준다. 그래서 우리는 신성한 성품에 참여하는 자가 될 수 있다. 그것은 돌파의 기름부음이기 때문에, 이제 삶에 수많은 기적들이 일어나기 시작할 것이다.

Chapter 9

신뢰
관계

내가 진실로 너희에게 이르노니 누구든지 이 산더러 들리어 바다에 던
져지라 하며 그 말하는 것이 이루어질 줄 믿고 마음에 의심하지 아니하
면 그대로 되리라 그러므로 내가 너희에게 말하노니 무엇이든지 기도
하고 구하는 것은 받은 줄로 믿으라 그리하면 너희에게 그대로 되리라
(막 11:23-24)

Chapter 9
Receiving from Heaven

믿음은 바라는 것들의 실상이요 보이지 않는 것들의 증거니 선진들이 이로써 증거를 얻었느니라 (히 11:1-2)

나는 천국에 있는 동안 이 땅에서는 이해하지 못한 믿음에 대해 몇 가지를 깨달았다. 나는 믿음을 공부하려고 몇몇 최고의 학교를 다니면서 거의 매일 이런 말을 들었다. "나는 말씀을 이루고 있습니다." 그러나 그 말이 내게 와 닿은 적은 없었다. 예수님을 만났을 때, 내 앞에 서 계신 주님은 말씀이셨다. 주님의 눈을 들여다보면서 내가 주님을 역사하시게 하는 것이 아니라 주님이 나를 통해 일하신다는 것을 깨달았다. 그 날 주님과 함께 보낸 45분이 내 생각을 완전히 바꿔 놓았다.

주님과 함께하는 동안, 나는 그분께 한두 마디밖에 할 수 없었다. 주님이 아시는 것을 내가 다 알지는 못했기 때문이다. 내가 아는 것을 그분 앞에 장황하게 늘어 놓을 필요는 없었기에 그냥 잠자코 있기로 했다. 나는 주님이 아시는 것이 무엇인지 알아야 했다.

오랜 기간 같이 사역한 분들과 함께 지낼 때면, 나는 되도록 말하지 않는다. 대신 그분들이 말하게 한다. 나는 영적 아버지들의 가르침대로 한다. 믿음의 선배인 그들이 오랜 기간 사역하였고, 나는 아직 많이 부족하기 때문에 그들에게 경의를 표한다.

사실 우리가 생각하는 믿음에 관한 개념이 틀렸을 수도 있다. 신약의 믿음은 구약의 신뢰라는 히브리적 사고방식과 같다. 내가 주님을 만났을 때, 주님의 인격과 그분이 말씀하신 것 사이에는 차이가 없었다. 예수님의 인격과 그분이 말씀하신 것은 정확히 일치했다. 예수님은 결코 자신의 인격과 다른 말씀을 하시는 분이 아니다. 주님이 말씀하실 때는 매우 신중하셨다. 주님은 말씀으로 이미 세상을 창조하셨지만, 또다시 창조하실 수도 있다.

많은 사람들이 십자가에 달리신 예수님의 그림을 보며 그분을 나약한 분이라고 상상한다. 그러나 나는 그분이 아주 굳세고 의지가 강한 분이라는 사실을 알게 되었다.

> 믿음으로 모든 세계가 하나님의 말씀으로 지어진 줄을 우리가 아나니 보이는 것은 나타난 것으로 말미암아 된 것이 아니니라 (히 11:3)

> 내가 진실로 너희에게 이르노니 누구든지 이 산더러 들리어 바다에 던져지라 하며 그 말하는 것이 이루어질 줄 믿고 마음에 의심하지 아니하면 그대로 되리라 그러므로 내가 너희에게 말하노니 무엇이든

지 기도하고 구하는 것은 받은 줄로 믿으라 그리하면 너희에게 그대로 되리라 (막 11:23-24)

예수 그리스도께서 이렇게 말씀하셨다. "말하는 것을 마음으로 믿으면 그것이 이루어지고, 그대로 되리라." 이것이 바로 세상이 창조된 방식이다. 모든 피조물은 예수 그리스도를 통해 주님의 말씀으로 창조되었다. 주님께서 말씀으로 세상의 기초를 세우셨다.

Receiving from Heaven

신뢰는 하나님이 어떤 말씀을 하실 때, 반드시 그 일을 행하신다는 것을 아는 것이다.

예수님은 결코 의미 없는 말씀을 하지 않으신다. 절대로 불필요한 말을 하지 않으신다. 마태복음 12장 36절에서 예수님은 사람이 무슨 무익한 말을 하든지 심판 날에 이에 대하여 심문을 받으리라고 말씀하셨는데, 그 말에 주의를 기울이는 사람은 거의 없다. 대부분 그냥 건너뛰고 만다. 나는 신학을 공부한 사람이었다. 그래서 죽었다가 다시 살아나자마자 그 말씀을 찾아보았다. 예수님께서 내게 장과 절을 말씀하시고, 그것이 누구에게 하시는 말씀인지 알려 주셨을 때, 나는 성경을 찾아보아야 했다. 내가 주님을 믿지 않았기 때문이다. 심지어 나는 그런 말씀이 성경에 있는지도 몰랐다.

믿음이란 무엇인가? "믿음은 바라는 것들의 실상이요 보이지 않는 것들의 증거니"(히 11:1). 믿음의 선조들은 그들이 살던 곳을 떠나도록 지시받았고, 도착한 뒤에야 그곳이 지시받은 곳이었다는 사실을 알았다(히 11:8 참고). 하나님은 그냥 "가라"고 말씀하신다. 사람들에게 어디로 가야 하는지 거의 말씀하신 적이 없지만, 그래도 그들은 믿음으로 나아갔다. 믿음으로 그들은 보이지 않는 주님을 보았다(히 11:27 참고). 또한 믿음으로 하나님이 계획하시고 지으실 터가 있는 성을 바라보았다(히 11:10 참고). 믿음과 관련된 이 구절들은 모두 히브리서 11장에 있다.

우리는 진실한 말을 하고, 약속한 말을 지키는 삶을 살아야 한다. 사실 말한 대로 행하는 사람이 거의 없기 때문에 우리는 그런 방식에 익숙하지 않다. 천국에서는 나의 존재와 내가 하는 말이 다르지 않다. 천국에 있는 모든 사람은 그의 말대로 알려지기 때문이다. 개인의 인격과 그의 말 사이에는 차이가 없다. 삶 가운데 우리가 믿음으로 천국과 연합하지 못하는 이유는 약속한 말을 지키며 살지 않기 때문이다.

신뢰는 하나님이 어떤 말씀을 하실 때, 반드시 그 일을 행하신다는 것을 아는 것이다(살전 5:24 참고). 우리가 기도할 때, 하나님께서 들으셨는지 확신하지 못할 수도 있다. 그러나 예수님은 이렇게 말씀하셨다. "항상 내 말을 들으시는 줄을 내가 알았나이다"(요 11:42). 예수님은 하나님의 아들이셨고, 우리는 로마서 8장 15절의 말씀대로 양자의 영을 받아 하나님의 가족으로 입양되었다. 우리는 이제 하나님의 자녀로서 하늘 아버지께서 우리의 기도를 들으신다는 사실을 확신할 수 있다.

바울은 말한다. "성령이 친히 우리의 영과 더불어 우리가 하나님의 자녀인 것을 증언하시나니"(롬 8:16). 또한 요한복음에는 다음과 같이 기록되어 있다. "영접하는 자 곧 그 이름을 믿는 자들에게는 하나님의 자녀가 되는 권세를 주셨으니"(요 1:12). 피조물들은 지금 하나님의 아들들이 나타나기를 고대하며 신음하고 있다(롬 8:19-21 참고). 피조 세계가 우리와 함께 타락했으므로, 하나님의 아들들이 썩어짐의 종노릇에서 해방될 때 같이 해방될 것이다.

경이로우신 하나님

이 놀라운 구원을 하나님께서 인류를 위해 이루셨다. 예수님은 세상의 기초가 놓이기 전에 인류가 타락할 것을 아시고 자원해서 이 땅에 오기로 하셨다. 요한계시록에 따르면, 예수님은 세상의 기초가 놓이기 전부터 죽임을 당한 어린 양이셨다(계 13:8 참고).

하나님은 인간을 자신의 형상대로 지으셨다. 인간을 지으신 것과 같은 창조는 이전에 없었다. 인간에게 자유의지를 주신 것은 하나님의 책임이었다. 하나님은 인간을 잃을 수도 있다는 사실을 아셨으나, 자유의지 때문에 인간이 타락하게 내버려 두셨다. 예수님은 세상이 창조되기 전에 이 땅에 오셔서 우리를 구속하기로 자원하셨다.

바울은 그리스도인들을 핍박하던 사람이었지만, 구원받은 후 교회에 편지를 보내면서 자신이 모태로부터 택함 받은 사람이라고 선언했다(갈 1:15 참고). "우리는 … 아무에게도 해롭게 하지 않고"(고후 7:2). 그러나 바울이 주님을 알기 전에 스데반을 돌로 쳐 죽이는 일에 가담했다는 사실을 우리 모두가 알고 있다(행 7:58-59 참고).

> 주님께서는 내가 존재하기도 전에 나를 만드신 모습 그대로 보셨습니다. 내가 빛을 보기도 전에 주님께서 나를 위해 계획하신 모든 날들이 주님의 책에 기록되었습니다. (시 139:16, TPT)

> 주님은 나의 길을 예비하기 위해 나의 미래로 가셨고, 과거의 해로움으로부터 나를 보호하시려고 친절하게 나의 뒤를 따라오셨습니다. 주님의 사랑의 손으로 내 삶을 축복하셨습니다. (시 139:5, TPT)

하나님은 우리의 미래로 가셔서 우리의 걸음마다 길을 닦고 계시며, 과거의 모든 상처로부터 우리를 보호하기 위해 우리 뒤에서 따라오신다. 이분이 바로 우리가 섬기는 하나님이시다. 하나님은 우리가 태어나기도 전에 이 모든 것을 설계하셨다.

Receiving from Heaven

하나님은 우리의 미래로 가셔서 우리의 걸음마다 길을 닦고 계시며, 과거의 모든 상처로부터 우리를 보호하기 위해 우리 뒤에서 따라오신다.

우리는 주님이 다시 오실 때를 향해 가고 있다. 하나님은 우리가 나가서 인생들을 향한 하나님의 계획을 모든 사람에게 전하고, 그 누구도 지옥에 가지 않도록 복음을 증거하기 원하신다. 예수님의 말씀에 따르면, 지옥은 마귀와 그를 따르는 천사들을 위해 만들어졌다(마 25:41 참고). 천국에는 우리 각자를 위한 책이 있다. 이 아름다운 책이 천국에 있는데도, 지옥에 가 있는 사람들이 있다. 지옥에 있는 사람들은 그 이유가 무엇이든 그 책에 기록된 대로 살지 않기로 작정한 것이다. 그러나 우리는 그들과 같아서는 안 된다.

그러므로 우리는 긍휼하심을 받고 때를 따라 돕는 은혜를 얻기 위하여 은혜의 보좌 앞에 담대히 나아갈 것이니라 (히 4:16)

하나님의 임재 속으로 들어가기 위해 우리는 담대해질 수도 있고, 성령을 의지하여 주님께 도움을 구할 수도 있지만, 이 모든 것은 신뢰 가운데 이루어져야 한다. 일단 결심하기만 한다면, 우리는 우주에서 단 한 분을 영원히 신뢰할 수 있다. 예수 그리스도, 우리의 구속자, 우주의 중심, 모든 이름 위에 뛰어난 이름, 주님의 말씀은 신뢰할 만하다.

주님이 우리에게 어떤 말씀을 하시면 그대로 이루어질 것이기 때문에, 우리는 그 말씀을 의지할 수 있다. 주님의 말씀은 항상 선포되고 있고, 우리는 그것을 펼쳐 보기만 하면 된다. 하나님의 영은 우리를 더 높은 신뢰의 단계로 확증하고 이끄시기 위해 여기 와 계신다. 하나님은 아무도 실망시키지 않으신다.

예수님이 나를 위해 어떤 일을 겪으셨는지 말씀하실 때, 그분은 흐느껴 우셨다. 그리고 이렇게 말씀하셨다. "내 백성은 내가 그들을 위해 무슨 일을 했는지 모른다. 나는 그들을 지극히 높으신 하나님의 제사장과 왕으로 삼았다. 나는 내 백성보다 앞서 가서 원수를 진멸하고, 그를 아무것도 아닌 존재로 만들었다."

믿음은 권리증서이고, 바라는 것의 실체며, 우리는 그것을 소유하고 있다. 내가 부동산 등기 권리증을 가방에서 꺼내서 다른 사람에게 주면, 그 집은 그의 소유가 된다. 그 사람이 여기 있고, 내 집이 뉴올리언즈에 있다면 어떻게 될까? 그래도 여전히 그 집은 그의 소유가 된다. 내가 그에게 양도했기 때문이다.

그는 그 집의 양탄자가 어떤 색깔인지 몰라도 등기 권리증만 가지고 있으면 된다. 그 사람이 내가 아는 사람이고, 내가 그에게 그 집을 가지라며 등기 권리증을 주면, 그 집은 그의 소유가 된다. 나는 내 말대로 약속을 지키는 사람이기 때문이다. 하나님도 그런 방식으로 일하신다. 그런데 얼마나 많은 약속을 받고도 그 일이 일어나지 않았던가? 그것은 사람들이 연약하기 때문이다. 하나님은 절대 연약한 분이 아니다.

∴

성령께서 말씀을 확증하신다

그러므로 믿음은 들음에서 나며 들음은 그리스도의 말씀으로 말미

알았느니라 (롬 10:17)

우리는 주변 환경이 하나님의 말씀으로 흠뻑 젖어들게 할 필요가 있다. 또한 성경을 기록할 정도로 영감이 넘쳤던 옛 성인들이 말한 진리를 양식으로 삼아야 한다. 성령님은 사람들을 감동시키셨고, 그들은 성령의 감동으로 성경을 썼다. 성령님은 성경에 기록된 내용의 창시자이시다. 그래서 우리가 그 말씀을 받으면, 주님은 우리 삶 속에서 말씀을 확증하신다. 성령님은 하나님의 말씀을 확증하기 위해 오신다. 그 말씀이 영원하기 때문이다. 하나님께서 믿으신 것이나 주님께서 이미 말씀하신 것은 바뀌지 않기 때문에 우리가 믿든, 안 믿든 상관없다.

Receiving from Heaven

하나님은 우리를 사랑하시며, 그 마음을 절대 바꾸지 않으실 것이다.

하나님은 우리를 사랑하시며, 그 마음을 절대 바꾸지 않으실 것이다. 하나님은 우리를 위한 책을 쓰셔서 우리가 태어나기도 전에 우리를 사랑하셨다는 것을 입증하셨다.

사람들은 말한다. "저는 치유 사역 같은 것을 믿지 않습니다." 그런 말이 하나님의 말씀을 믿는 사람의 삶에 영향을 미칠까? 사람들은 또 이렇게 말한다. "그런 걸 목격하기는 했지만, 저는 여전히 아픈데요?" 그것은 우리가 타락한 세상에 살고 있고, 이 땅에서 영적 전쟁을 치르는 중이기 때문이다. 우리는 하나님의 말씀을 믿어야 한다.

우리가 주님 안에서 강건해질 때, 주변 환경이 진리로 물들기 시작할 것이다. 그렇게 되면 우리는 언제나 진리만 생각하고, 천국에서 영원히 살 것에 대해 완전히 확신한다. 어느 날 우리는 육신의 옷을 벗어 던지고 영광으로 나아갈 것이다. 죽음이 영적 승진일 뿐이라는 사실을 깨달으면, 더 이상 죽음이 두렵지 않고 제대로 살아가는 법을 알게 된다.

우리가 두려움을 느끼면, 그것이 우리를 제한한다. 그러나 하나님의 말씀의 빛이 우리 삶을 비추어 우리가 믿을 수 있는 경지에 이르게 된다면 어떻게 되겠는가? 예수 그리스도의 실재를 삶에서 경험하고, 주님을 신뢰하며, 우리 삶 속에서 주님이 역사하신다는 사실을 확신할 수 있다면 어떻게 되겠는가? 그렇게 된다면, 우리는 이전과 같아질 수 없을 것이다. 세상이 감당할 수 없는 영적 거인이 될 것이다.

내가 나의 연약함을 맞닥뜨릴 때마다 부활의 능력이 내 속으로 밀려들어온다. 나는 내 자아가 끝나는 곳에서 하나님이 시작하시는 것을 경험하는 이 주기를 의지해서 살아가는 법을 배웠다.

삶 가운데 당신을 괴롭게 하고 화나게 하는 것은 무엇인가? 나의 경우에는 마귀이다. 진저리가 나고 싫어서 괴롭히고 싶을 정도다. 마귀를 괴롭히려면, 하나님이 어떤 분이신지, 내가 누구인지, 마귀가 어디에 속해 있는지 알아야 한다. 우리는 매일 하나님이 어떤 분이신지, 우리가 누구이고, 마귀의 위치(마귀는 우리 발아래 놓인 존재라는 사실)를 정확히 깨닫고 행해야 한다. 마귀는 불 못에 던져질 존재이기 때문에 그냥 우리 발아래 놓여 있는 편을 더 낫게 여길 것이다. 그러나 그는 우리에 맞서서 행한 모든 것에 대해 보응을 받을 것이다.

복음의 빛이 들어올 때, 우리는 성령의 자유를 더 크게 느끼기 시작한다. 어둠으로 가득 찬 귀신들은 절대로 구원받을 수 없기 때문에 최대의 패배자들이다. 그들은 또 다른 기회가 없다는 것을 알기에 하나님이 창조하신 세상을 파괴하여 인생들을 비참하게 만들려고 애쓴다. 그들은 퇴장당하고, 우리가 등장했기 때문이다.

우리는 하나님의 가족이 되었고, 주님과 함께 유업을 받을 상속자이기 때문에 그분이 값 주고 사신 모든 것에 접근할 수 있는 권한을 받았다(롬 8:17 참고). 그리스도 예수로 말미암아 하나님 안에서 받을 우리의 지위에 관한 수많은 성경구절이 있다. 하나님은 우리에게 살아 계신 하나님의 자녀가 되는 권세를 주셨다(요 1:12 참고). 이 말은 우리가 예수 그리스도 안에서 권세를 받았고, 주님의 이름을 사용할 수 있다는 뜻이다. 또한 우리가 무엇이든 이 땅에서 풀면 풀릴 것이요, 매면 매일 것이다.

> 내가 천국 열쇠를 네게 주리니 네가 땅에서 무엇이든지 매면 하늘에서도 매일 것이요 네가 땅에서 무엇이든지 풀면 하늘에서도 풀리리라 하시고 (마 16:19)

"너희가 이 땅에서 무엇이든지 매면 매일 것이요, 풀면 풀리리라." 여기서 주님이 말씀하신 의도가 무엇이라고 생각하는가? 예수님은 다음과 같은 사실을 말씀하고 계셨다. 주님께서 우리를 구속하시고, 하나님 가족의 일원이 되게 하셨으며, 마귀들은 우리의 명령을 들어야 한다. 마귀는 우리가 이 사실을 알지 못하기를 바란다.

Receiving from Heaven

하나님의 능력이 우리 밖으로 흘러넘치게 할 수만 있다면, 원수는 더 이상 우리 주변에서 맴돌지 않을 것이다.

우리는 하나님을 향한 믿음과 신뢰로 영적 영역에 깊은 인상을 남길 수 있다. 그렇게 되면, 귀신들도 우리가 예수 그리스도 안에 있는 권세를 온전히 깨달았다는 사실을 알게 된다. 귀신들은 우리와 하나님 사이의 관계를 알고 있다. 또한 우리가 믿는 것을 얼마나 견고하게 확신하는지도 안다. 하나님은 우리에게 그분으로부터 받는 방법과 하나님의 영원한 공급을 흘려보내는 방법을 가르쳐 주신다. 하나님의 능력이 우리 밖으로 흘러넘치게 할 수만 있다면, 원수는 더 이상 우리 주변에서 맴돌지 않을 것이다.

생수의 강이 흘러 넘치게 하여 성령의 능력으로 사람들에게 전이되고, 그들을 가르치고, 원수를 물리치는 방법을 보여 주라. 성령님께 순복할 때, 우리는 천국의 능력을 받아 이 땅에 풀어낸다. 하나님을 신뢰하고 천국으로부터 받는 법을 배우기만 한다면, 우리에게 불가능이란 없다.

Receiving from Heaven ─────────────────────

> 하나님을 신뢰하고 천국으로부터 받는 법을 배우기만 한다면,
> 우리에게 불가능이란 없다.

∴
축복의 기도

주님께서 다음과 같이 말씀하신다.

너희의 돌파가 다가오고 있다. 이것은 예정된 일이다. 너희를 위한 나의 계획은 너희가 번영하는 것이다. 기대할 만한 멋진 마무리, 그것이 너희를 위한 나의 계획이다. 너희 대적들은 아무것도 아니기에 나는 하늘에 앉아 너희의 대적들을 비웃는다. 나를 대적한 자들이 너희 원수들이고, 나는 이미 그들을 물리쳤다.

나, 주는 너희 중에 와 있고, 너희 중에 전능자로 서 있다. 항상 나를 경배하라. 항상 나를 지극히 높으신 존재로 인정하라. 내가 영원에 거하며, 높고 높은 존재이기 때문이다. 그러나 동시에 통회하는 영과 겸손한 자로서 너희와 함께 동행할 것이다. 나를 경외하는 자들에게 좋은 것을 아끼지 않을 것이다.

나는 너희의 하나님이다. 내가 와서 너희와 함께 살 것이다. 너희 가정이 달라지고, 너희 이웃이 변화될 것이다. 너희 직장이 달라지리라. 모든 것이 변화되리라. 하늘로부터 임한 권세를 너희에게 허락하면, 모든 것이 변하기 시작할 것이

다. 지금 즉시 나를 신뢰하라. 나는 너에게 어떤 것도 아끼지 아니할 것이다. 나는 검을 뽑아 들고 있다. 나는 전사다. 나는 지금 너희에게 구원의 노래를 부르고 있다. 내가 원수들을 내어 쫓으리라. 그들은 다 사라질 것이다. 나는 주인으로 왔다. 앞으로 올 세대의 능력을, 너희 몸에 치유를, 너희 생각에 치유를, 너희 영에 영광의 물결을 지금 받으라. 천국으로부터 받으라. 제단으로부터 불을 받으라.

나는 너희의 하나님이다. 그러니 내게로 돌이키라. 나는 너희가 필요로 하는 모든 것이다. 그러니 내게로 돌이켜 자유하라. 자유, 자유, 자유! 주의 영이 계신 곳에 자유가 있다. 아들이 자유케 한 자는 참으로 자유하다. 자유하여 믿으라. 자유하여 너희 아버지 하나님을 신뢰하라. 자유, 너희는 자유하다. 너희는 치유되었다. 아무도 너희를 건들지 못하리라. 악한 자가 만지지도 못하리라. 너희는 지극히 높은 자의 그늘 아래, 그 은밀한 곳에 있으므로 어떤 악도 너희를 건들지 못하리라.

천사들이 너희 가정으로 파송되고 있다. 너희의 모든 일이 번영하리라. 천사들이 너희를 위해 일하리라. 그들은 너희를 섬기도록 파송된 자들이다. 천사들은 구원을 상속받는 너희를 위해 반드시 너희 삶이 주의 은총으로 넘쳐나게 할 것이다. 너희를 통해 나 자신을 드러내리라. 모든 사람이 내가 너희와 함께한다는 사실을 알게 될 것이다. 너희는 번영할 것이다. 너희 땅도 번영하리라. 너희에 관한 모든 것이 번영하리라.

| 구원을 위한 영접 기도 |

주 하나님, 이 시간 제가 죄인임을 고백합니다.

저에게 주님의 아들 예수님이 필요합니다.

주님의 이름으로 저를 용서하여 주소서.

주님이 저를 위해 죽으셨으며, 지금도 살아 계셔서 저의 기도를 들으심을 믿습니다.

이제 제가 죄로부터 돌이켜 주님을 제 마음에 모십니다.

오셔서 저의 인생을 주장하여 주소서.

주님께서 원하시는 선한 사람이 되게 하여 주소서.

이제 주님의 성령으로 저를 채우셔서 어떻게 주님을 위해 살아야 할지 보여 주소서.

모든 사람 앞에서 주님을 저의 구세주요, 주님으로 인정합니다.

예수님의 이름으로 기도합니다. 아멘.

RECEIVING FROM HEAVEN
하늘 아버지로부터 약속된 복을 받아 누리는 능력을 키우라

Receiving from Heaven

by Kevin L. Zadai

Originally published in the USA by
Destiny Image a division of Nori Media Group
Shippensburg, PA
Under the title
Receiving from Heaven

Copyright ⓒ 2020 Kevin L. Zadai

Korean Translation Copyright ⓒ 2020 by Pure Nard
2F 16, Eonju-ro 69-gil Gangnam-gu, Seoul, Korea

The Korean edition is published by arrangement with Destiny Image.
All rights reserved.

본 저작물의 한국어판 저작권은 Destiny Image와의 독점 계약으로 '순전한 나드'가 소유합니다.
저작권자의 허락 없이 이 책의 일부 또는 전체를 무단 복제, 전재, 발췌하면 저작권법에 의해 처벌을 받습니다.

천국으로부터 받아 누리기

초판 발행| 2020년 12월 18일
2쇄 발행| 2022년 2월 18일

지 은 이| 케빈 제다이
옮 긴 이| 김정훈
펴 낸 이| 허철
책임편집| 김혜진
디 자 인| 이보다나
제   작| 김도훈
총   괄| 허현숙
인 쇄 소| 예원프린팅

펴 낸 곳| 도서출판 순전한 나드
등록번호| 제2010-000128
주   소| 서울특별시 강남구 언주로69길 16, (역삼동) 2층
도서문의| 02) 574-6702
팩   스| 02) 574-9704
홈페이지| www.purenard.co.kr

ISBN 978-89-6237-320-2 03230